軽 便 探 訪

新井清彦

機芸出版社

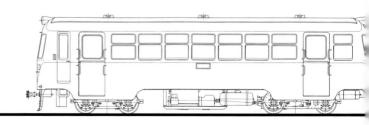

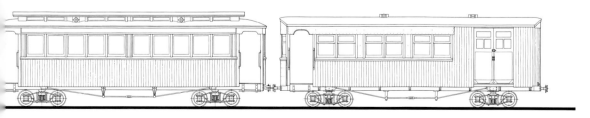

はじめに

　軽便鉄道と呼ばれるような，ナローゲージの路線の大部分が失われてから，かなりの年月が経ちました。かつては，こうした地方色豊かな，個性的な鉄道が，各地の発展に貢献していた時代があったのです。

　そのような鉄道が失われ始めた頃は，同時に国鉄の蒸気機関車も，同様の運命にありました。世の多くの方々は，そちらの方に眼を向けたようでしたが，私としては，両方を追うことは無理と思い，より範囲の狭い，個人的な行動でも何とかなると思われた，軽便鉄道を追うことにしました。

　1966年から1972年にかけての5年間は，いま思い返しても，よく廻ったと思われるほどですが，この5年間が，軽便鉄道が最後の光芒を放った時代でした。幸運にも，その時に巡り会えたのです。

　以後，今日まで，機会あるごとに訪問を続けていますが，現在見る事のできる軽便は極く少数となってしまい，寂しい限りです。

　1993年に，機芸出版社から鉄道模型趣味（TMS）誌に，軽便探訪連載のお話があり1994年1月号から2003年1月号まで，10年もの長い間お世話になりました。

　掲載に当っては，写真と実測データはありますが，各鉄道関係の知識が少ないので，解説記事はTMSにおまかせしてあります。

　また，記事の構成上，不足する写真や資料は，TMSのお骨折りで，18名もの多くの方々から提供していただきました。紙上をお借りして厚く御礼申上げます。

　さらに，撮影に廻った折に，親切に撮影・見学を許して下さった現場の方々にも御礼申上げます。その多くの方々の理解と御協力なしでは，これらの影像は残らなかったことでしょう。

　また，別の大きな影の協力者として，カラーフィルムの現像を依頼した日本天然色写真㈱ニッテンの的確な現像に感謝しております。30年以上を経た今日において，なお，当時と変わらない色彩を保ち続けているのは，当時の他のフィルムの変色と比べるとき，現像の差が大きく出ています。

　最後に，このシリーズの掲載を企画・実行して下さった㈱機芸出版社の各位，特に担当の大久保清氏の御協力に感謝致します。

2003年4月　　新井清彦

仙北鉄道（宮城バス）

佐沼―東佐沼
間の迫（はざ
ま）川鉄橋を
渡るキハ2404
の牽く列車。
（'68年3月）

瀬峰の車庫前
に並ぶ3輌の
DLたち。左
からDC103，
DC102，DB
071。
（'67年5月）

→
典型的な日車
製ガソリンカ
ースタイルの
キハ2402。
（'67年5月）

静岡鉄道駿遠線

↑東海道本線をオーバークロスする築堤上を走るＤＤ501の牽く朝の通勤通学列車（新藤枝－大洲・'70年7月）

↓小雨の降る中，五十岡駅手前の小川を渡る下り列車。編成は東
亜工作所製のキハＤ５＋駿遠線名物ハニ１＋ハ11。（'67年6月）

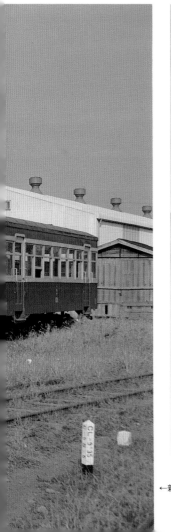

←新横須賀駅の側線で休む"蒙古の戦車"ＤＢ607。客車は自社製のハ104＋101。（'67年8月）

静岡鉄道駿遠線

駿遠線は客車の宝庫。旧中遠のハ11と旧藤相のハ7を牽いてキハD17が行く。(五十岡・'67年8月)

真夏の昼下りの新藤枝駅構内。左端のホーム状のものはバス専用通路、さらにその左側に国鉄藤枝駅が広がる。('70年7月)

↑白津付近の併用軌道区間を走るＤＣ12 2＋ボハ7＋ボハフ2（'68年4月）

日本硫黄沼尻鉄道

↓川桁構内で休む雨宮製の単端ガソ101（'68年4月）

↑うららかな春の陽をあびて内野付近を走るＤＣ12の牽く列車（'68年4月）

日本硫黄●沼尻鉄道

→
桜の花が咲きみだ
れる川桁付近を上
り列車が行く。
（'68年4月）

↓紅葉の始まった会津樋ノ口に停車中のＤＣ121（'68年10月）

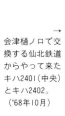
→
会津樋ノ口で交
換する仙北鉄道
からやって来た
キハ2401（中央）
とキハ2402。
（'68年10月）

Mr.KATOを右手に見て、釧路製作所製6t機が入換中（奥行臼、'68年7月）

釧路製作所製6t機が客車と牛乳タンク車を牽いて原野を行く（'69年8月）

牛乳積換設備でタンク体を吊り上げ，ホースを使ってトラックに中身の牛乳だけを積み換える（奥行臼，'68年7月）

幌延町営軌道

〔撮影は'69年7月〕

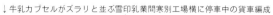

↓牛乳カプセルがズラリと並ぶ雪印乳業間寒別工場横に停車中の貨車編成

→
泰和車輌製の50号機がボギー客車と有蓋貨車を牽いてなだらかな丘陵地帯を走る。

←←1961年9t泰和車輌製自走客車が開運町構内に進入する

〔撮影は'68年7月〕

↓泰和車輌製7t機。元幌延町営軌道の3号機といわれ、東藻琴村営軌道を経て入線。

小頓別構内で軌道の貨車から国鉄のトラに木材チップを積換中

歌登町営軌道

〔撮影：'69年7月〕

←Mr. KATOが空車の木材
　チップ貨車を牽いて走る。

3軸式の泰和車輛製鋼製ロータリー除雪車　（歌登にて）

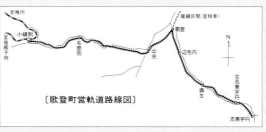

〔歌登町営軌道路線図〕

ジョイント音も軽やかに泰和車輛製自走客車がやってきた

↑意外に多い乗客を乗せて運輸工業製自走客車が快走する　（茶内―秩父内，'68年7月）

↑牛乳輸送貨車を前後に付け
て協三工業6ｔ機が行く。
（茶内―秩父内，'68年7月）

←協三工業製6ｔ機が牽
引する牛乳タンク列車。
（茶内―秩父内）
　'68年7月

浜中町営軌道

カプセル利用の牛乳輸送列車→
（茶内―秩父内，'68年7月）

↑後方を確認しつつ馬場目川沿いの7.5km地点を下る（'71年8月）

←8km付近の本線上における木材積込風景。（'71年8月）

〈秋田営林局五城目営林署杉沢林道〉

↓運材車は木曽などよりやや小型の鋼製を使用（'70年11月）

↓杉沢貯木場に到着し，これから入換にかかる（'70年11月）

① 仙北鉄道
（宮城バス）

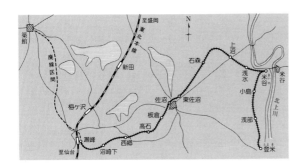

　仙北鉄道は登米線（瀬峰—登米間・28.6km）が1921年10月に，築館線（瀬峰—築館間・12.6km）が1923年7月に，共に軌間 762mmで開業した。しかし，築館線は台風の被害のために，1949年10月に休止・バス化されている。

　沿線に「米」の字がつく地名が多いことからもわかるように，付近は米の産地として有名。かつては，米輸送の貨物列車も運転されていたが末期にはなくなり，ディーゼルカー牽引の旅客列車がのんびりとたんぼの間を走る姿が，1968年3月の廃止まで見られた。

（撮影：1967年5月，1968年3月）

動力車

DC102

　2輛目のディーゼル機関車として，1952年に協三工業で製造されたC形10t機。走行部は立山重工業製の蒸機C156のものを利用している。

DB071

　仙北鉄道のディーゼル機関車第1号。1951年・協三工業製で，重量7tの小型機。製造当初は工事用機関車然としたスタイルだったが，1953年にホイールベースの延長と共にキャブを改造されて，下写真のようなスタイルとなった。

←近代的なスタイルの車体とは対照的に台車はクラシックな菱型，車輪はスポーク。

DC103

　仙北鉄道の蒸機全廃を目的に，1953年に協三工業で作られた10t・C形ロッド式のディーゼル機関車。スタイルはDC102よりスマートになった。キャブ妻板の形が，前後で異なる点にも御注目いただきたい。

←ブレーキシリンダ一部分のアップ。

↓公式側の下まわり。エアータンクと冷却管がアクセント。

↓非公式側側面。キャブ床下からはハンドブレーキロッドが伸びる。

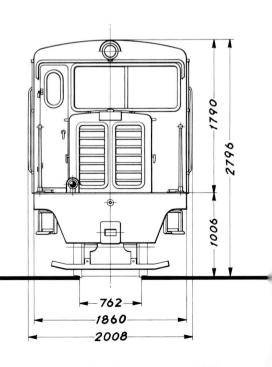

1790
2796
1006

762
1860
2008

キハ2406

1955年に颯爽とデビューした東急車輛製の
ディーゼルカー。当時流行のHゴムを多用し
たスタイルは，ユーモラスななかにも近代感
覚をとり入れた独特のデザイン。しかも，室
内はセミクロスシート，ベバスト式暖房付。

DC103

製造所：協三工業
製造年：1953年
エンジン：
　日野DA57S
運転整備重量：10t

図面縮尺：1／45

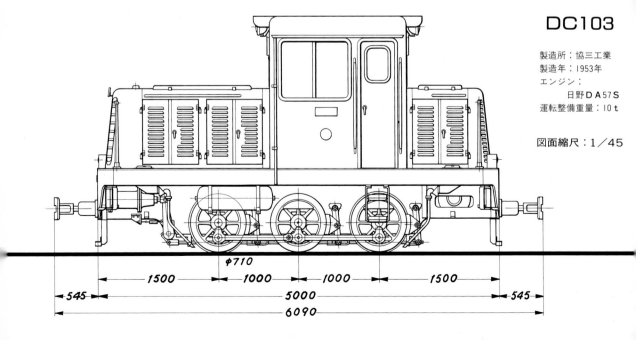

φ710

1500　　1000　　1000　　1500

545　　　　　　　　5000　　　　　　　545

6090

キハ2401・2402

↓ラジエーター側車端部

動力内燃化計画に基づいて，1934年に購入された日車製のボギー式ガソリンカー。当初の形式はキハ1・2，1953年にディーゼル化された。

典型的な日車スタイルで，各地に同形車を見ることができる。仙北鉄道廃止後は，DC103と共に沼尻鉄道に移籍。

↖↑動力台車（左）と付随台車。動力台車は当時よく見られた中心ピン位置がエキセンしたタイプ。

←キハ2402の前面。バケット付日車製内燃動車の標準的スタイル。2401とはテールライトの位置や排障器の形が異なるだけ。

キハ2401 キハ2402

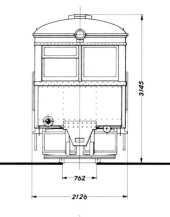

製造所：日本車輌
製造年：1934年
エンジン：
　いすゞDA45（2401）
　いすゞDA120P（2402）
変速機：機械式4段

キハ2405

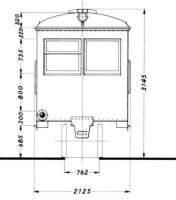

製造所：新潟鉄工所
製造年：1941年
エンジン：
　　いすゞDA120
変速機：機械式4段

キハ2406

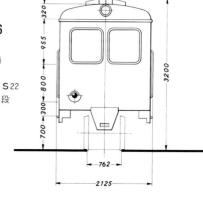

製造所：東急車輌
製造年：1955年
エンジン：日野DS22
変速機：機械式4段

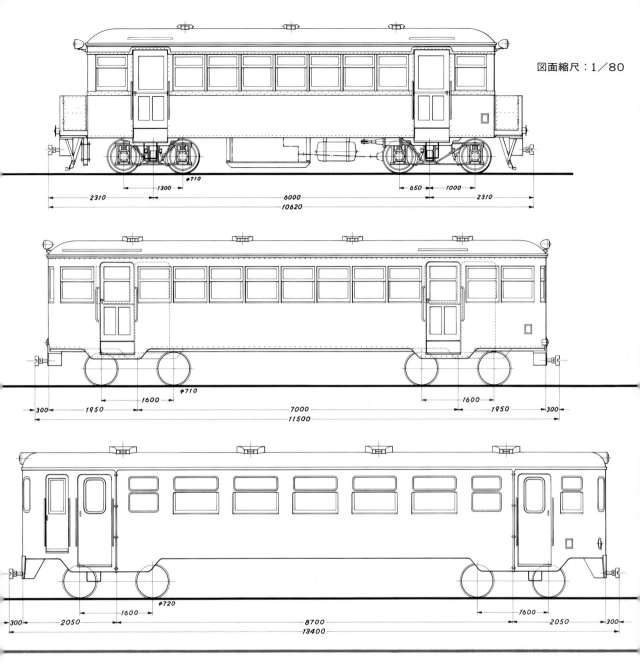

図面縮尺：1／80

キハ2405

1941年にキハ5として増備された，新潟鉄工所製のガソリンカー。車体のデザインは日車製と似ているが，前面がわずかにカーブしており，窓まわりもノーシル・ノーヘッダーとなって，多少軽快になった。1951年にディーゼル化。

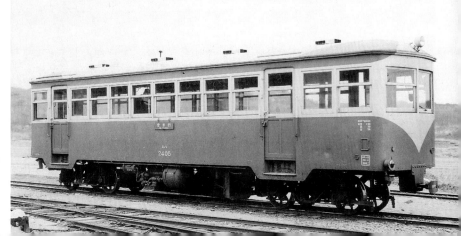

仙北鉄道 〈客車と貨車〉

客車は元ガソリンカーのハフ407を除いて，すべて全長8〜9mの木造2軸ボギー車。平妻あり，丸妻あり，はたまた荷物室付など，1輌1輌細部は異なるものの，総じて軽便らしい好ましいスタイルをしている。めずらしいのはニフ1405と1409という手小荷物専用車で，軽便ではあまり例がない。

貨車はワフ5・ワフ6・ワ6・トフ6・ト6・チ6形の6種類・48輌。ボギー車はなく，すべて2軸車である。さすがに沿線が米どころだけあって，有蓋車の比率が高かったのが特徴であろう。

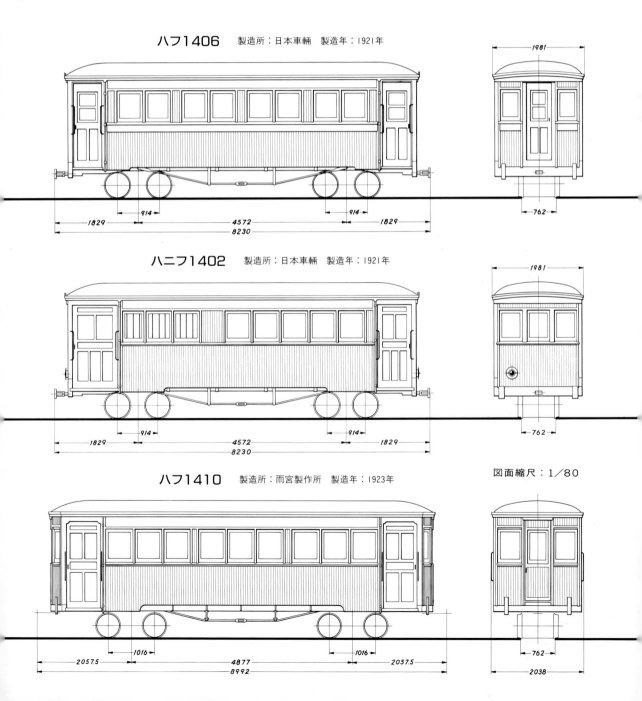

ハフ1406　製造所：日本車輌　製造年：1921年

ハニフ1402　製造所：日本車輌　製造年：1921年

ハフ1410　製造所：雨宮製作所　製造年：1923年

図面縮尺：1／80

ハフ1406

登米線開通時に，日車で製造された下等車
ハ2がその原型。当初はオープンデッキだっ
たが，1953年に写真のスタイルに改造された。

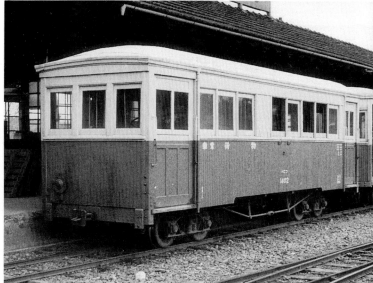

ハニフ1402

（上及び右上写真）

　1921年日車製の
中下等合造車。製
造当初はロハ2と
称し，オープンデ
ッキだった。

→

ハフ1410

1923年雨宮製で，
当初の形式はハ6。
製造時から側扉付。

ワフ5形

1920年日車製の5t積緩急有蓋貨車。ワフ51〜54の4輌で、車掌室側妻面の窓部分は各車で異なる。

→ワフ51の車掌室側妻面（カプラーは分解中）

↑ワフ54のブレーキテコ（左）と軸受部分

ワ6形
（ワ618〜622）

ワ6形は製造所と製造年によって5種類に分れるが、いずれも好ましいスタイルの6t積2軸有蓋貨車。ワ618〜622は1941年岩崎レール製。

←ワ619の側面と妻面。なおカプラーや軸箱蓋などは分解中。

ハ1411

1925年、丸山車輌製。当初の形式はハ7。1948年に火災にあい、車体を新製している。側面窓は510×730mm（幅×高さ）、側扉の幅は760mm（いずれも実測）。

↓台車は軸距1016mmの菱形

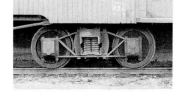

ト6形

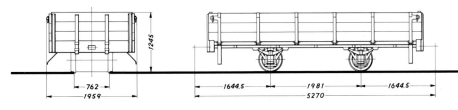

1920年製の無蓋貨車。製造所は日車，ト61〜69の9輌。足踏式のブレーキ付。

← ト63の妻面

→ ト67の足踏式ブレーキ側の側面

図面縮尺：1/80

ワフ5形

製造所：日本車輌
製造年：1920年

ワ6形

（ワ618〜622）

製造所：岩崎レール
製造年：1941年

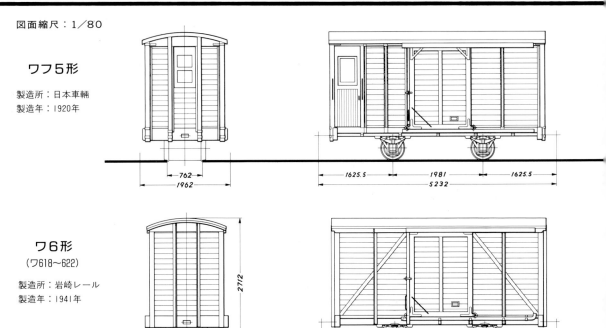

ニフ1405

1921年，ハ1として日車で誕生。当初のオープンデッキスタイルを，1954年に写真のような側扉付の手荷物専用車に改造した。積載重量は3t。

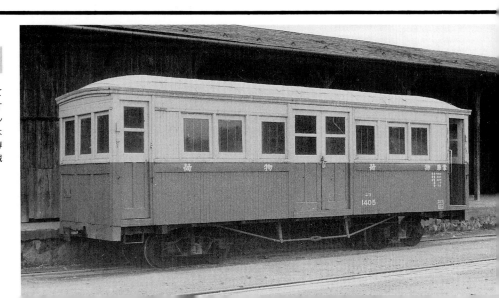

仙北鉄道　〈駅と構内〉

車輌に引き続いて，駅と構内の様子をご覧いただこう。仙北鉄道の第1の特徴は，他の軽便に較べて交換駅の線路有効長が長いことであろう。これは，かつての米輸送用の貨物列車が10輌以上の長編成になることもあったた

めで，全体にゆったりとした線路配置となっている。
また，駅本屋もナローといえども比較的大きく，かつ本格的な作りをしており，一概に「軽便＝小型」という図式は当てはまらないといえよう。

瀬　峰

多くの軽便鉄道の起点がそうであったように，国鉄の駅に隣接してホームや車庫が広がる。車庫の入口がすべて扉付なのは，さすがに北国の鉄道らしい。

← 築館線の線路は構内の外れて突然とぎれている。

長い跨線橋で国鉄の駅と結ばれた旅客ホーム。❹の向う側ホームには築館行バスが停車中。

← 貨物ホームから旅客ホーム方向を見る。線路はバスが走りやすいように埋められている。

沼崎下

駅というより停留所と呼んだ方がぴったりする小駅。列車の到着時刻が近づくと，どこからともなく乗客が現れる。ホーム前後の木造擁壁部分はあとからの延長だろうか。

↓ 引込線は子供たちの遊び場

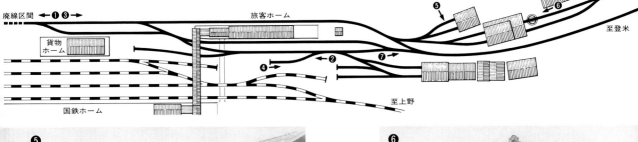

廃線区間　←❶❸→　　　　　　　　　旅客ホーム　　　　　　　　　　　　　　　　　　❺　　　　　　　　　　　❻

貨物ホーム

至登米

❷　　　　　　　❼　　　　　　　　　　　　　　　　　　　　　　　　　　　　　　　　　至上野

❹

国鉄ホーム

❺

→
気動車庫の裏
側妻面。気動
車には廃止記
念の飾りが付
けられている。

←
管理所の前で
ひと休みする
キハ2405。

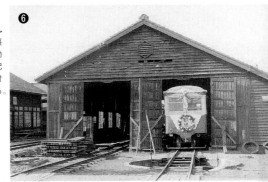

❻

❼

→
左からDL庫,
気動車庫, 本
線と続く。放
置された車輪
もムードを盛
り上げる。

❸

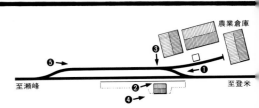

↑待合所のホーム側と裏面↓

❹

西郷

沼崎下と同様の駅員無配置の駅
だが, 機回し線と農業倉庫用の引
込線がある。待合所はやや大きめ
の扉付タイプ。

農業倉庫

❸

至瀬峰　❺→　　　　　　　　　　　　　　　❶→　至登米

❷→

❹→

❺

高 石

列車の交換設備を持った中間駅。左写真のように，ナローとはいえ駅本屋は意外に大きく，乗降客も多い。ホーム上には，1本の柱に腕が2本付いた信号機が設置されていた。

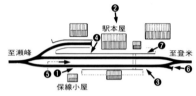

→
駅本屋の広場側とホーム側

←遠方信号機切換テコ

→
小さな保線小屋とモーターカー

↓キハ2406とキハ2405の交換風景

登米側から駅を見る。ポイントはスプリング式。

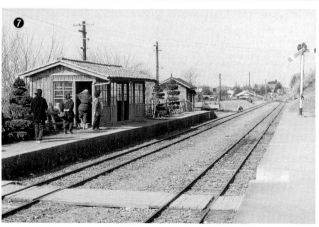

上りのホーム上には手入れのよい樹木が並ぶ

28

仙北鉄道 〈駅と構内〉

板倉

ジオラマのようなまとまりを見せる小駅。待合所も枯れた感じ。

上沼 うわぬま

❶

高石駅と似た，交換設備を持つ中間駅。ただし，左右のポイントを組み合せた線路配置で，その転換も手動式。

貨物上屋　駅本屋

至瀬峰　　　　　至登米

❸　❹❺

←キハ2405の牽く下り列車が到着

↘対向側のホームは短い

❷

❸

↓有蓋車が並ぶ貨物側線

↓下り列車が去って，踏切のバーを手動で上げる

❹

❺

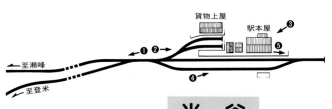

← 前方右側の線路
が瀬峰方向，左
側が登米方向。

貨物上屋

駅本屋 ❸

至瀬峰 →
❶ ❷

至登米 →
❹

❺

米 谷
（まい）（や）

珍しいスイッチバック式の駅。2
〜3輛のトレーラーを牽いてきたディ
ーゼルカーは，かならずここで付
け換えとなる。

登 米
（とよ）（ま）

登米線の終着駅。構内は
広いが，ストラクチャーが
少ないせいか，なんとなく
ガランとした感じである。

❼

駅本屋　　元貨物上屋　　　倉庫

至瀬峰
❶↗　← ❺

❻↗

❹
❷
❸

車庫

3線式の車庫→

❶

❷

❸

❹

↑広場側から見た駅本屋。オートバイ
や右端の自動車にも時代を感じる。

↑駅本屋ホーム側。屋根の雪止めが北国らしい。

↓信号用テコ

↓列車の到着時刻が近づくと，ホ
ームに手荷物が運び込まれる。

↓機回し線のホームはごく短い。線
路の終端には客車がポツンと1輌。

❺

❺

↑トラス状のターンテーブル↓

❹

↓駅本屋ホーム側と広場側↘

❻

❼

↑キハＤ９を先頭にした下り列車が相良に到着。乗客は改札口へと向かう。（撮影：大久保 清，'67年４月）

〈静岡鉄道駿遠線〉

↓真夏の太陽の下，新藤枝駅構内で休むキハＤ８＋ハ113。（撮影：大久保 清，'68年８月）

② 静岡鉄道 駿遠線

〈新藤枝から堀野新田へ〉

静岡鉄道駿遠線を一言で表現すれば，心も躍る"大軽便鉄道"と言えるだろう。大軽便というのもおかしな言い方かもしれないが，東海道本線の藤枝―袋井間・約38kmを，御前崎方向に大きく迂回して60余kmを走るのだから，草軽と並んで長距離軽便の代表といえよう。軌間はもちろん762mm。

そもそも駿遠線は，藤相（とうそう）鉄道（藤枝新―地頭方間）と中遠鉄道（袋井―新三俣間）をその前身としている。1943年に併合・改称されて静岡鉄道藤相線・中遠線となり，1948年に中間の地頭方―新三俣間を接続して駿遠線が誕生したのである。ところが，この中間部分の寿命は短かく，1964年には堀野新田―新三俣間が新藤枝（藤枝新を改称）―大手間と共に廃止されている。残りの区間も袋井方が1967年8月，藤枝方が1970年7月にその歴史を閉じた。

さて，この"大軽便"駿遠線の魅力はどこにあるのだろう。第一は青く大きい空をバックにした松林や，駿河湾に沿って広がる明るい沿線風景であろう。第二は知る人ぞ知る"蒙古の戦車"をはじめとして，日本各地から集められたバラエティー豊かな車輛群である。

ファン仲間から蒙古の戦車なるニックネームをちょうだいしたDLたちは，蒸機の下まわりを利用して自社工場で改造したという手づくり的な機関車で，総勢9輛を数えた。新井氏が訪れた時期には，藤枝方では新鋭のDD501が登場していてすでに出番はなかったようだが，袋井方ではDB604・607～609が朝夕の通勤通学列車の牽引に活躍していた。

動力車の主力である気動車は，前面のヒサシと大きくたれ下がったドア一部が印象的なキハD6～8（旧藤相）や，デッキ付のキハD5（旧中遠），湘南顔のキハD14～20など，個性豊かな面々が揃っていた。なかでも，柄（とも）鉄道からやってきたキハD13はもともと片ボギー車で，駿遠線で窓二つ分車体を延長して両ボギー化されたという強者である。

客車はどうであろうか。駿遠線名物の合造車ハニ1・2などの旧藤相・中遠の車輛たちのほか，旧安濃のハ6，旧草軽のハ22・113～115，旧三重交通のハ23～25・27・28などの旧型車，ハ101～112までの自社製近代型まで，延べ約40輛にもおよぶ客車たちが足跡をしるしている。

（撮影：'67年6・8月，'68年3月，'70年7月）

地図凡例：
─・─・─ 1936年廃止
─────── 1964年廃止

新藤枝

駿遠線新藤枝駅は国鉄藤枝駅の北東に広がる。モダンな造りの本屋を持った行止り式の駅で，ゆるいSカーブを描いた線路配置も好ましい。駅を出発した列車はしばらく東海道本線に沿って東京方向に走ったあと，大きく右にカーブしてこれをオーバークロスする。

❶ 国鉄藤枝駅を出ると，広場の右側に新藤枝駅の本屋が目に入る。構内には小さな客車の姿も見え，ナローファンには興奮の一瞬である。→

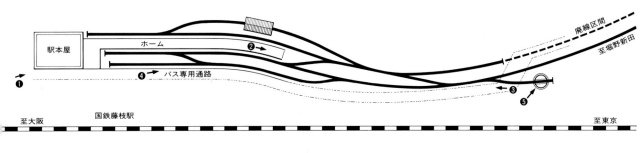

駅本屋　　　ホーム

② ▶

◀ ④　バス専用通路

❶ ▶

◀ ③

⑤

廃線区間

至堀野新田

至大阪　　　国鉄藤枝駅　　　　　　　　　　　　　　　　　　　　　　　　　　　　　至東京

❷

高洲

新藤枝の次の駅。藤枝方は交換設
備を持った駅が多く，堀野新田まで
の18駅中，実に14駅が交換可能。

至新藤枝　　　　　　　　　　　　② ▶　　　　　　　至堀野新田

❶ ▶　　駅本屋

←↓旧藤相鉄道時代からの名残りでホームが非常に低い

❶

❷

❸

構内外れの留置線に置かれたワ18の廃車体。実はこの線路が元の大手線。

発車を待つキハD9＋ハ109の下り列車（下左）と簡易構造のターンテーブル（下右）。（この段2枚共撮影・大久保 清，'67年4月）

❹

❺

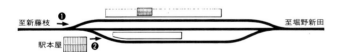

至新藤枝 ❶ ⟶

駅本屋 ❷

至堀野新田

駅名のとおり大井川の手前の駅。全廃の直前には，一時終着駅となったこともある。

大 井 川

❶

❷

〈大井川を渡る〉

（撮影・長門克巳，'68年7月）

大井川駅を出ると，駿遠線名物の大井川橋を渡る。ガーダーは普通の鉄製ながら，橋脚は流れと平行に丸太を立てた簡易構造で，列車は10km/h以下でゆっくりと進む。

実はこの大井川渡河は，「越すに越されぬ大井川」と歌われるように，旧藤相鉄道にとっても輸送上のネックであった。初期の徒歩連絡，平行する富士見橋上に併用軌道をしいて乗客は人車・貨物は直通の手押運搬，続く併用軌道の直通運転を経て，1924年の鉄道専用橋の完成でようやく解消されたのである。

大井川を渡り，駿河湾に沿ってしばらく走ると，相良に着く。木造の車庫や新しい車輌工場があり，大きな感じの駅である。朝夕を除いて列車はここ止まりだから，実質的な終点ともいえる。

構内には現役の車輌はもちろん，休車や廃車になった車輌までがごろごろと置かれて，ナローファンの目を楽しませてくれる。

相　良
（さが　ら）

❶

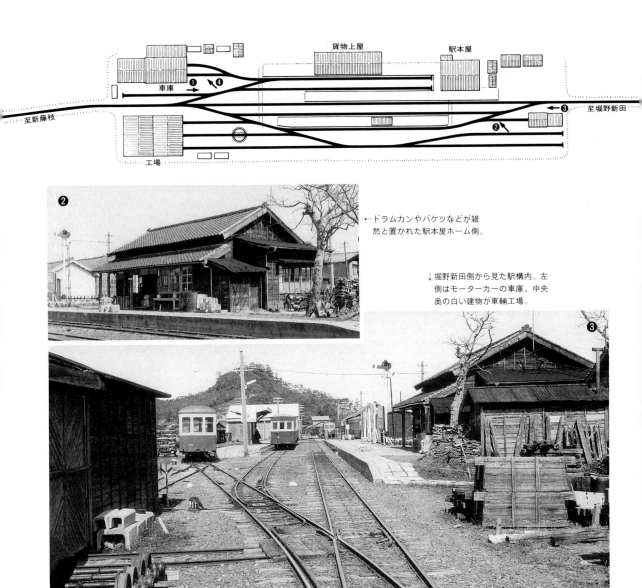

貨物上屋　駅本屋

車庫　①　④

至新藤枝　③　至堀野新田

②

工場

❷

←ドラムカンやバケツなどが雑
然と置かれた駅本屋ホーム側。

↓堀野新田側から見た駅構内。左
側はモーターカーの車庫、中央
奥の白い建物が車輛工場。

❸

←
構内に並ぶ車輛群。左からハ
112，キハD19，キハD8，キハ
D16。キハD8を除いて、静
岡鉄道得意の自社工場製。

→
車庫で一休みするキハ
D7。大きな前面ヒサ
シと垂れ下がったドア
一部が特徴の日車製レ
ールカー。

この頁の写真は撮影・
大久保 清。'67年4月

❹

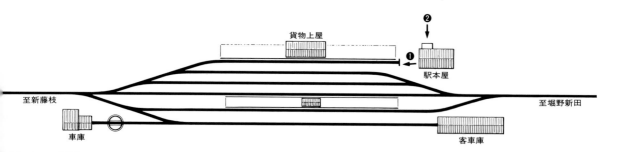

貨物上屋　　　　　❷↓

❶→　　　駅本屋

至新藤枝　　　　　　　　　　　　　　　　　　　　　　　　至堀野新田

車庫　　　　　　　　　　　　　　　客車庫

❶

地頭方
（じ どう がた）

　旧藤相鉄道の終点。ナローにしては広めの構内には車庫が二つ建っているが，朝夕以外は列車がないため，ガランとした印象である。ちなみに，ポイントはすべて6番。

❷

堀野新田

至新藤枝　　　　　　❶↗　　　　　　　　　廃線区間
　　　　　　　　　　　　　　　　　　　　←❷

　中間の連絡線廃止後の藤枝側終点。朝夕だけやってくる列車も，トレーラーを相良で切り離してしまうため，気動車1輛だけというさびしさ。線路は駅を出たところで，突然とぎれている。

↓この2枚撮影・長門克巳　'68年7月→

❶

❷

38

↑袋井駅構内に並んだ"蒙古の戦車"軍団。左からDB604，DB607，DB601（ボンネット改造前）。撮影：梅村正明（'62年8月）

〈袋井から新三俣へ〉

袋井―新三俣間は旧中遠鉄道が開業させた区間で，全長17.4km。袋井駅を出た列車はすぐに左にカーブして袋井工場の脇を抜け，平坦な線路を30分ほど走ると，新横須賀駅に到着する。藤枝側の相良―堀野新田間と同じく，朝夕を除いて列車は新横須賀止まりであった。

↓構内のはずれから見た駿遠線袋井駅。左は国鉄袋井駅。駿遠線連絡用の跨線橋の屋根は一段低い。撮影：梅村正明（'67年3月）

❸

❹

❺

↑ターンテーブルは新藤枝駅のものと同一構造

❻

↓新三俣側から袋井駅方向を見る。左側は袋井工場。

❼

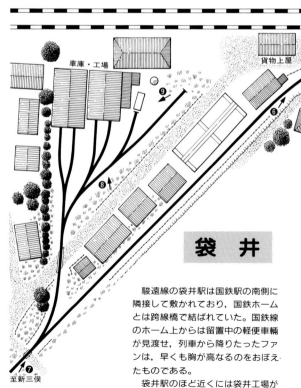

国鉄ホーム

至大阪

車庫・工場

貨物上屋

❾

❽

❻

袋　井

❼
至新三俣

駿遠線の袋井駅は国鉄駅の南側に隣接して敷かれており，国鉄ホームとは跨線橋で結ばれていた。国鉄線のホーム上からは留置中の軽便車輛が見渡せ，列車から降りたったファンは，早くも胸が高なるのをおぼえたものである。

　袋井駅のほど近くには袋井工場があり，この軽便の主役たちが体を休めていた。（撮影：1967年6月）

❽

↑ジオラマのような袋井工場の構内。左からＤＢ608，ハ2，キハＤ17，ハ3。撮影：梅村正明('67年3月)

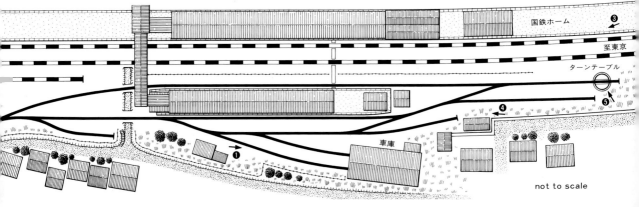

国鉄ホーム ❸

至東京

ターンテーブル ❺

❹

車庫

❶

not to scale

❾

→
貨車の廃車体
やリヤカーな
どが雑然と並
ぶ工場構内。

芝

袋井から3駅目の小中間駅。新三俣
側はホームの外れからすぐカーブがは
じまるなど，狭い敷地に強引に作った
という感じ。

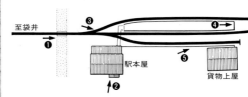

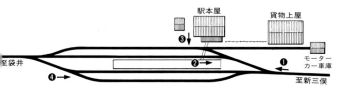

駅本屋　貨物上屋

③

②　①

④→

至袋井

モーター
カー車庫

至新三俣

袋井側の昼間列車の終点。
ホーム上の腕木式信号機が
よいアクセントである。下
写真の客車の右側には水タ
ンクが見える。

新横須賀

②

③

④

④

⑤

浅　名

芝駅の次の
停留所。ホー
ム前後端の延
長部は，枕木
を使った木造。

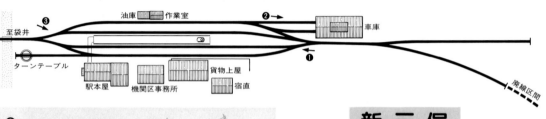

至袋井　ターンテーブル　油庫　作業室　駅本屋　機関区事務所　貨物上屋　宿直　車庫　廃線区間

新三俣

　袋井側の終点。構内にはターンテーブルがあり、朝夕の通勤・通学列車を牽く"蒙古の戦車"に備える。ターンテーブルの構造は新藤枝・袋井と同一。

〈蒙古の戦車〉

↑袋井行列車を牽引中のＤＢ609

　"蒙古の戦車"とは，蒸機の下まわりを利用
して静岡鉄道が自社工場で改造したＤＬのニ
ックネームで，ＤＢ601〜609の９輛を数える。
ベースにした蒸機がバラバラのうえ，手づく
り的な改造のため，キャブやボンネットなど
の形態が１輛１輛異なっていた。

↓ＤＢ607の両サイド→

DB608

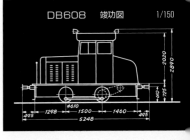

〈DB609〉

本図は静岡鉄道の1／25全体図，竣功図，および新井清彦氏の実測寸法をもとにまとめたが，ラジエーターまわりをはじめ実車と異なる部分は訂正して作図している。また，実車に7tと記されている自重は全体図・竣功図共8tとなっており，逆転器の有無などと共に不明の点も多い。

原図協力：平田邦彦・高橋康一

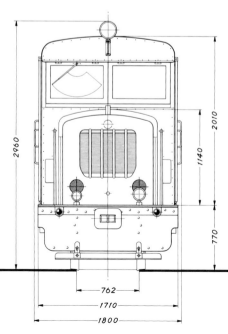

←↑非公式側の床下では排気管
とエアータンクがめだつ。

✓アングルで組まれたシート下中央に
はドライブシャフトが通り, その手
前には動輪の担いバネが見える。

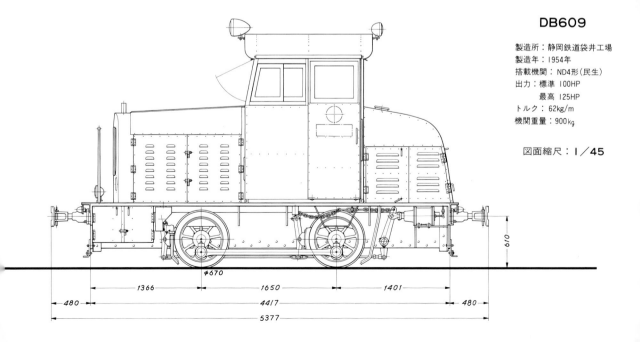

DB609

製造所：静岡鉄道袋井工場
製造年：1954年
搭載機関：ND4形（民生）
出力：標準 100HP
　　　　最高 125HP
トルク：62kg/m
機関重量：900kg

図面縮尺：1／45

〈DD501〉

↑側面のルーバーや窓ガラスを外した晩年の姿（新藤枝にて）

↑相良で入換中のＤＤ501。上写真とは反対側サイド。乗務員ドアーが引戸なのがわかる。

DD501は1965年に自社工場で製造された，D型（軸配置ＢＢ）ディーゼル機関車である。わが国のナロー用Ｄ型内燃機関車は，酒井工作所のＦ型などの産業目的を除き，いわゆる軽便鉄道用としては他に例がない。

竣功後は藤枝側に投入され，主に客車5〜6輛で編成された朝夕の通勤通学列車の牽引に活躍した。しかし，それもわずか5年で，1970年7月の駿遠線全廃と共に廃車されている。

ＤＤ５０１諸元表

製造所：静岡鉄道
製造年：1965年
搭載機関：
　いすゞＤＨ１００ＴＰ
出力：188ＰＳ
変速機：新潟ＤＢ１１５
自重：11ｔ

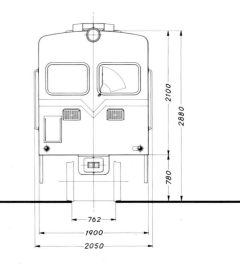

↑側面のルーバーや窓ガラ
スがまだ入っていた頃。

←エンジンルーム内部
　上写真と共に
　　撮影：大久保 清

↓電車用を流用したともいわれる台車→

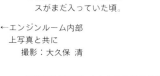

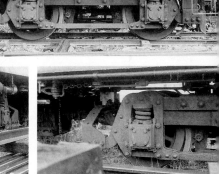

図面縮尺：1／64

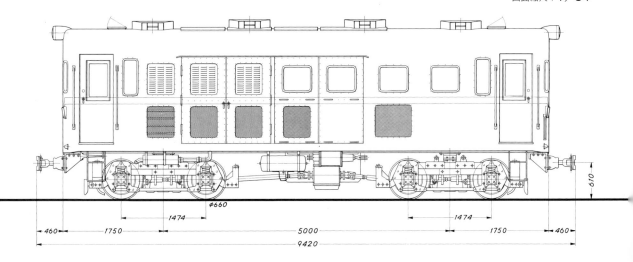

キハD5

↓左からブレーキシリンダー・エンジン・付随台車・ラジエーターと続く。車軸の下にはラジエーターの配管が通っている。

↓動力台車側から見た床下

↑撮影：高井薫平（1958年3月）

↑前頁と反対側サイドから見たエンジン

キハD5は元中遠鉄道のキハ13で、車体両端にデッキの付いた軽快なスタイルの気動車。高井薫平氏が1958年に撮影された写真と較べると、新井清彦氏の訪れた1967年には床下前端のラジエーターの数が減少したり、ドアー窓に中桟がなくなるなど変化が見られる。

本図は竣功図と新井氏の実測寸法をもとにまとめたが、竣功図記入のボギーセンタ一間寸法の4600mmはあきらかにまちがいで、実測寸法と写真から推定して作図した。

キハD5諸元表
製造所：東亜工作所
製造年：1935年
エンジン：いすゞDA45
変速機：機械式4段
自重：11.4t

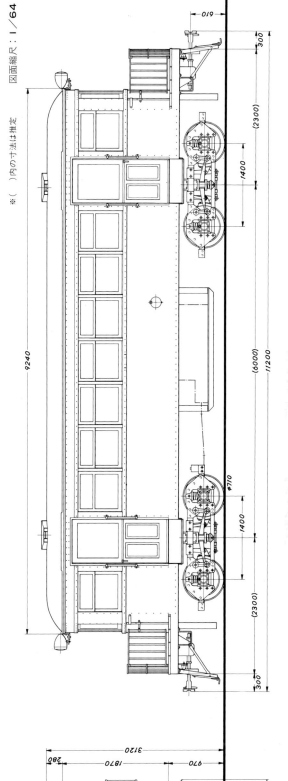

図面縮尺：1／64

※（　）内の寸法は推定

キハD6〜8

キハD6〜8諸元表

製造所：日本車輌
製造年：1931年
エンジン：いすゞDA45
出力：55HP（標準）
変速機：機械式4段
自重：11.6t（D6とD8）
　〃　：11t（D7）

前面のビサシと低いドアーステップ部が特徴のキハD6〜8は元藤相鉄道のキハ1〜3で、駿遠線を代表する気動車といえるよう、ベンチレータの数やドアーの形態などはキハD7を基本にして画いた。

ところで、左写真や次頁のキハD6の写真でナンバー部分だけが塗り直されて書かれている点や、ドアーの形態・ヘッドライトの配線などから判断して、1967年ごろにキハD6とD7の間で番号の振り替えが行なわれた可能性があるが、真相は不明であるが、今後の研究に期待したい。

→キハD7のラジエーター側前面と床下。
撮影：長門克巳

↑新藤枝で一休みするキハD7。
撮影：大久保青

キハD6の台車→

←キハD7のエンジン
撮影：赤井哲朗

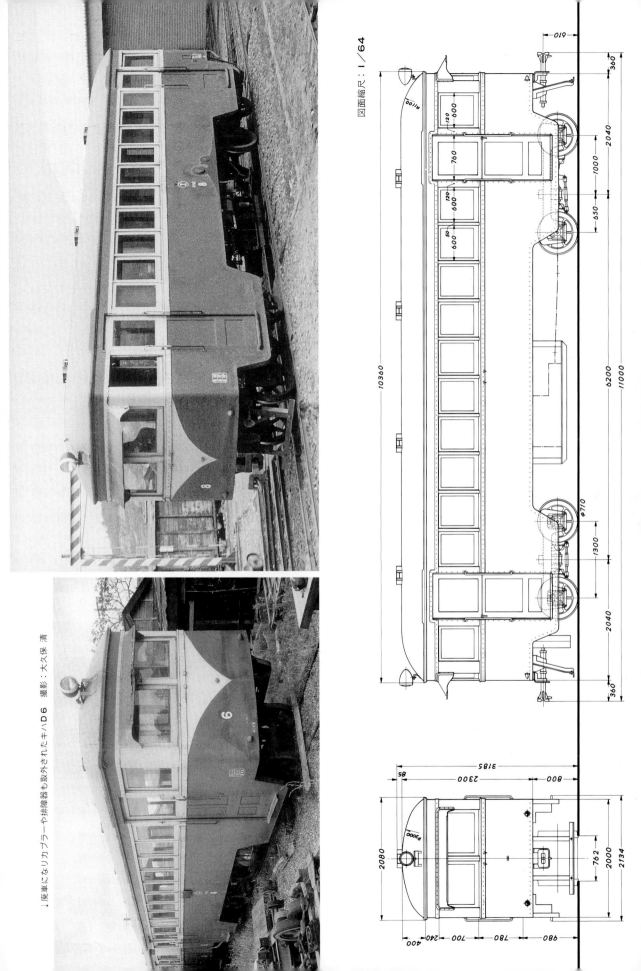

↑廃車になりカプラーや排障器も取外されたキハD6　撮影：大久保 清

図面縮尺：1/64

キハD13

↑ 新袋井駅構内で待
機中のキハD13。
撮影：梅村正明
（1967年3月）

日車オリジナルの付随台車（左）→
とユニークな形をした静岡鉄道
製の動力台車。動力台車の前側
車輪だけがブレート輪心という
のもおもしろい。なお、エンジ
ンはすでに取り外されている。

1930年11月、日本車輛本店（名古屋）で1輛の軽便用片ボギー気動車が誕生した。頚鉄道のキハ4である。1954年3月の頚鉄道の廃止後には静岡鉄道に移り、キハC13となった。高井氏の撮られた左の写真は、この片ボギー時代の貴重な記録である。1958年6月には窓二つ分車体を延長、同時にニューウタなスタイルのキハD13となった。キハ一台車を新製して両ボギー化し、キハD13となった。

なお、キハD130の「D」とは車軸の数を表わし（すなわちCが3軸、Dが4軸）、静岡鉄道独特の表示方法である。

←
相良付近を行くく、片ボギー時代のキハD（C）13。写真ではわかりづらいが手前が1軸台車側で、ドア一間の側面窓も6個と、車体が短く奥深い。
撮影：高井薫平（1958年3月）

キハD13諸元表

製造所：日本車輛
製造年：1930年
エンジン：いすゞDA45
最大出力：90HP
変速機：機械式4段
自重：9t

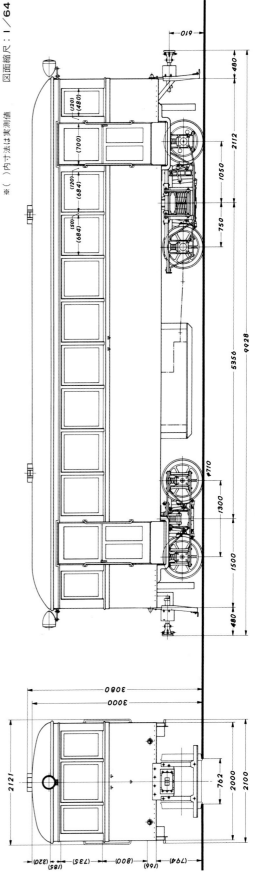

図面縮尺：1／64

※（ ）内寸法は実測値

キハD14・15

↑真横から見たキハD14。台車は鋳鋼製、ドア枠は鋳鋼製。ドアーは木製。

↓キハD15の前面　撮影：大久保 清（1967年4月）

↑前面裾が垂れ下っていた頃のキハD14（1966年12月）・袋井
撮影：梅村正明

↓キハD15のドアーは金属製、窓枠はアルミサッシ、台車はバーフレーム。

図面縮尺：1/64

キハD14は、のちに続々と生産され静岡鉄道自社工場製ディーゼルカーの第1号車。当時流行の湘南型前面にバス窓の側面を組み合せたスタイルは、後続車に引き継がれていく。

おもしろいのは、当初は前頁写真のように裾中央が垂れた"ヒョットコ"風スタイルだったが、裾下側の先頭側へ移った頃には裾が直線状にカットされ、キハD15と同一の形態に変ったことである。

キハD15の車体は、寸法・形態とも基本的にはキハD14と同一だが、ドアーが金属製に、窓枠がアルミサッシに変更され、さらに台車がパーフレームとされて多少印象が変った。

キハD14・15諸元表	
製造所	：静岡鉄道
製造年	：1959年（キハD14）
	：1960年（キハD15）
エンジン	：いすゞDA110（キハD14）
	：いすゞDA120（キハD15）
変速機	：機械式4段（キハD14）
	：トルコン（キハD15）
自重	：11t

キハD15の床下（上）と室内　撮影：大久保 清 （1967年4月）

キハD14のエンジン部（上）と鋳鋼製台車

〈キハD15〉

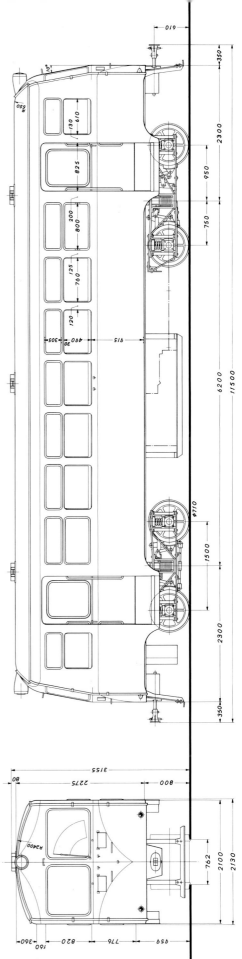

キハD１７〜２０

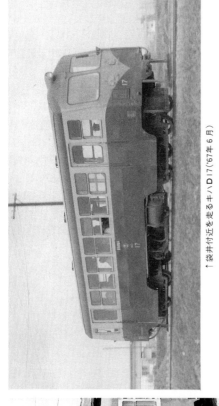

↑袋井村付近を走るキハD17（'67年6月）

←↓新藤枝駅に停車中のキハD20（'68年8月）と相良駅で発車待ちのキハD18（'67年4月，共に撮影：大久保 清）

キハD17・18は、キハD14・15の発展形ともいうべき自社工場製ディーゼルカー。キハD16からはじまった乗務員ドアー付。客用ドアーを下方に延長して側面裾が垂れ下がったスタイルである。

キハD19・20の車体は細部を除いてキハD17・18と同一で、台車がパーフレームに変更されている。動力台車は17・18と共に、センターをずらした'偏心台車'なのも興味深い。

キハD19・20の変速機はトルコンとなり、夏には自社工場製客車3輛をはさんだら5輛編成で、海水浴客輸送に威力を発揮した。

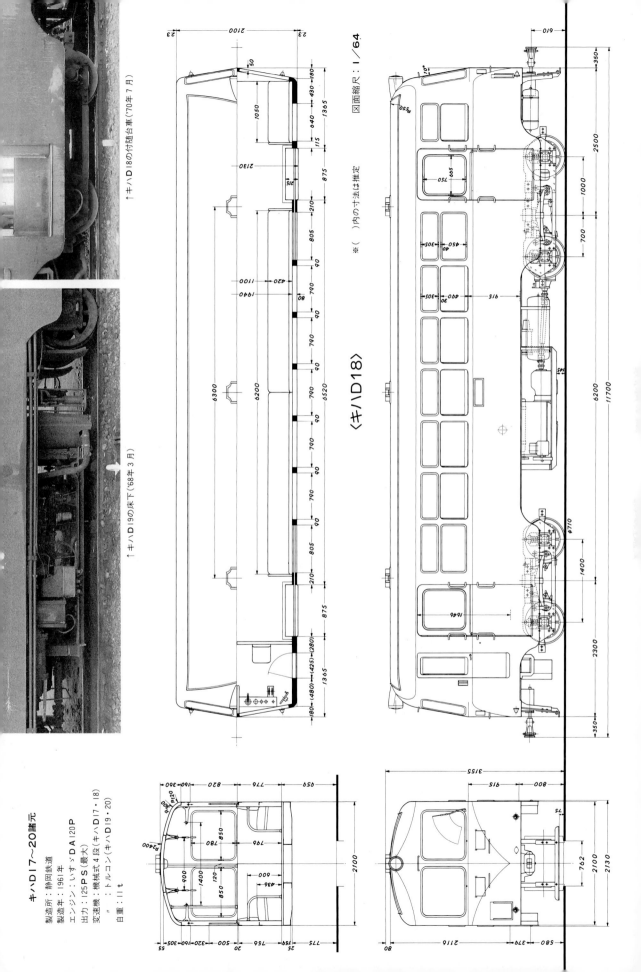

キハD17～20諸元

製造所：静岡鉄道
製造年：1961年
エンジン：いすゞDA120P
出力：125PS（最大）
変速機：機械式4段（キハD17・18）
〃 　　：トルコン（キハD19・20）
自重：11t

↑キハD18の付随台車（'70年7月）

↑キハD19の床下（'68年3月）

〈キハD18〉

図面縮尺：1／64

※（　）内の寸法は推定

〈客　車〉

ハ1

旧中遠鉄道所属の超小型木造ボギー客車。長さだけでな
く、車体の高さも低く、写真右端に見えるハ20と較べると、
その小型ぶりがおわかりいただけよう。ハ3も同形。

上のハ1と同じ旧中遠鉄道所属だった
車輛。最大寸法はハ1と同一とされてい
るが、形態はご覧のようにかなり異なる。
台車の軸距1067mm、車輪直径508mm。

製造所：大日本軌道
製造年：1913年
自重：3.5t
最大寸法（長さ×幅×高さ）：8128×1929×2904mm

ハ2

↓袋井駅に停車中のハ2（1966年12月）。上写真と共に撮影：梅村正明

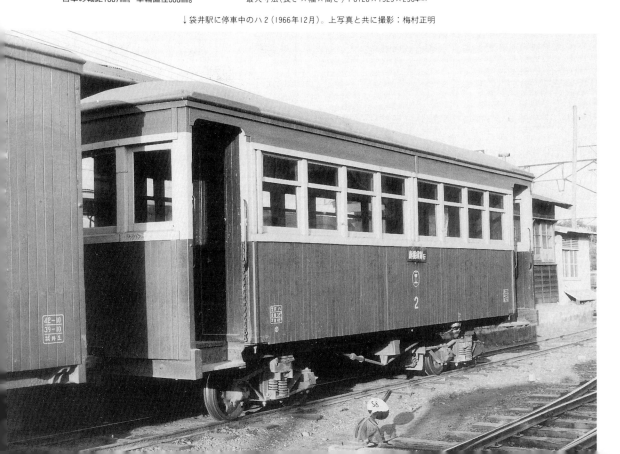

ハ6

　安濃鉄道からやって来た小型木造客車。水カキ状の補強が付いたスポーク車輪がおもしろい。車体全長7010mm，レール―屋根上面間2807mm，台車中心間4267mm。

製造所：名古屋電車製作所
製造年：1914年
自重：3t
最大寸法（長さ×幅×高さ）
　　　：7569×1829×3061mm

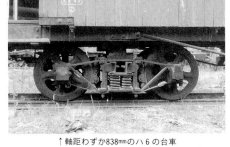

↑軸距わずか838mmのハ6の台車

↓水田を渡る夏の風にハ6のカーテンがたなびく。左はハ18，右はハ13。
撮影：梅村正明（1962年8月）

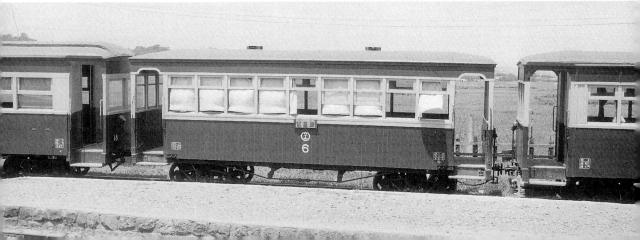

ハ7

旧藤相鉄道生え抜きの車輛。ナローの客車としては標準的な大きさである。下写真のように，片側台車に照明用の車軸発電機が付いている。これは駿遠線の他の客車も同様である。

製造所：日本車輛
製造年：1913年
自重：4.1t
最大寸法：（長さ×幅×高さ）
　：9398×1848×2985mm

↑台車は軸距1067mmのアーチバー，車輪直径は508mm。左写真の左端は車軸発電機。↑

↓袋井駅構内の側線で休むハ7。右はハ106。撮影：梅村正明（1966年12月）

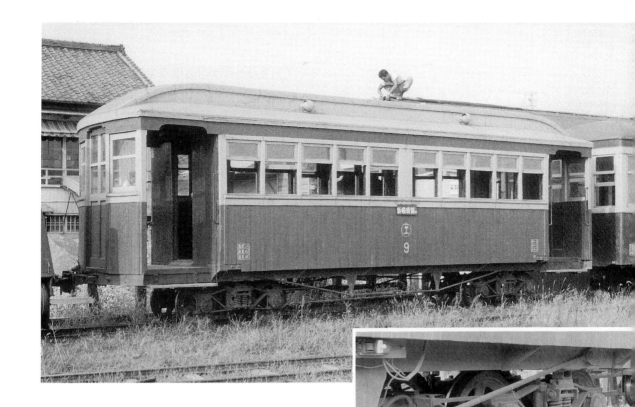

ハ 9

深い二重屋根が特徴的な木造客車。前所有者は運輸省，旧番号はケコハ485。観音開き風の貫通扉がおもしろい。

製造所：岡部鉄工所
製造年：不明
自重：4.4t
最大寸法（長さ×幅×高さ）
　：8979×2133×3023mm

→
片側の台車にはハ7と同様に車軸発電機が付いている。

↓メーカーズプレート

↓片側のデッキにはハンドブレーキがある

↓貫通扉は観音開き風

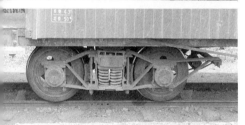

ハ10・11

クラシックなモニタールーフの軽便客車。元中遠鉄道のロボ5・6で，井笠鉄道や両備鉄道にも日本車輛製の同系車がいた。

製造所：日本車輛
製造年：1913年
自重：4.3t
最大寸法（長さ×幅×高さ）
　：9398×1948×3023mm

↓ＤＢ607に牽かれてのんびりと走るハ11。撮影：梅村正明（1967年3月）

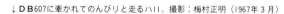

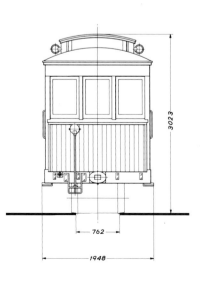

↑ハ11の側面窓枠は一部中桟付。前頁の妻面写真と共に撮影：梅村正明（1966年12月・袋井）

図面縮尺：1／64

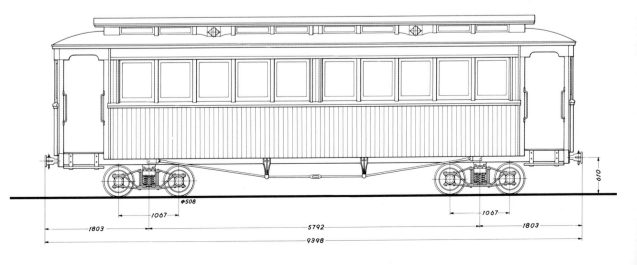

ハ15・16

　元藤相鉄道のホハフ9・10。竣功図によると妻面は手スリのみのオープンデッキに描かれており，写真の外妻板は改造の可能性がある。また，屋根はハ15と16で形が異なっていて，ハ16がオリジナルかと思われる。

製造所：日本車輌
製造年：1915年
自重：5.7t
最大寸法（長さ×幅×高さ）
　：9602×1930×3048mm

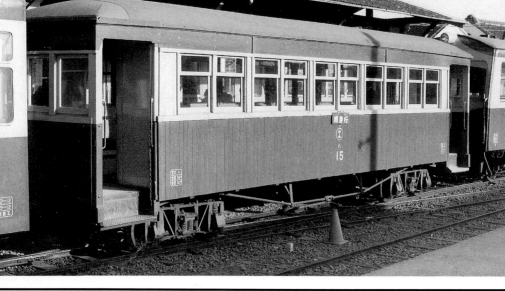

↑新藤枝駅構内の側線で休むハ16。屋根が大きくスウェイバックしている。
撮影：赤井哲朗

←ハ16とは屋根の形が異なるハ15。下のハ19と共に
撮影：梅村正明

ハ22

草軽電鉄から転入した木造客車。元をただせば丸岡鉄道が新造したもので，当初はオープンデッキであったという。草軽時代に日本鉄道自動車でドアー付に改造されたようだが，現車はセミオープンデッキである。

製造所：日本車輛
製造年：1915年
自重：5.31t
最大寸法（長さ×幅×高さ）
　：9601×1935×2726mm

ハ18〜20

屋根や台枠の形は共通ながら，側面の窓割や妻板はハ18・20とハ19ではまったく異なる。竣功図に近いのはハ19で，ハ18・20は改造と思われる。ちなみに，ハ12やハ23もハ20に類似の車体を持つ。

製造所：日本車輛
製造年：1925年
自重：6.39t
最大寸法（長さ×幅×高さ）
　：9627×2070×3118mm

↓キハD9に牽かれて相良で発車待ちのハ20。撮影：大久保 清

↑台車交換前のハニ1。左下のデッキ写真と共に撮影：梅村正明（'66年12月）

ハニ1

駿遠線名物のハニ1・2は旧中遠鉄道所属、1924年・名古屋電車製作所製の手荷物合造客車。大きくカーブした妻面や手荷物ドアーが魅力的なスタイルだが、1と2では手荷物ドアーの位置が異なっており、またドアー本体も1が両開き、2が片開きと、多少の変化が見られる。

←デッキ内にハンドブレーキが見える。妻面窓は中棧付。

←交換後のハニ1の台車

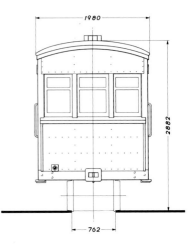

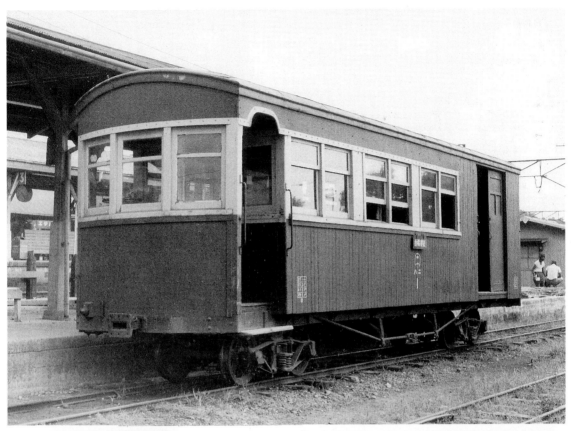

クィーンポス
トは複雑な形
をしている。

図面縮尺：１／64

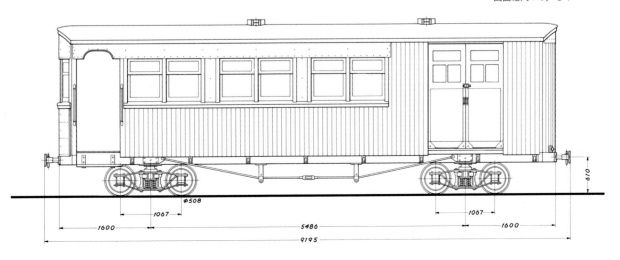

↑窓のない手荷物室側の妻板

↑デッキ内の手ブレーキ。妻面窓は中桟なし。

ハニ2

この頁の写真は撮影：大久保 清（'66年3月・'68年8月）

↓ハニ2の客室側面は鉄板張り、手荷物ドアーは片開き。

ハ101～106

記念すべき自社工場製客車の第1グループ。角ばった，いかにも実用一点張りといったスタイルが特徴。103以降は幕板部が狭くなり，多少スマートになった。

台車はいずれもバーフレームだが，形態はバラバラ。車輪もプレートあり，スポークありで，なかでも104の片側（下写真右側）台車の車輪は，クランク付動輪から改造されたと思われる珍品。

製造所：自社工場
製造年：1956年～1958年
自重：7.5 t
最大寸法（長さ×幅×高さ）
　：10600×2130×3140mm

↓ハ106　撮影：梅村正明（'67年8月）

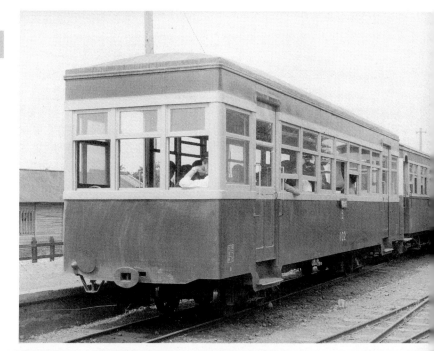

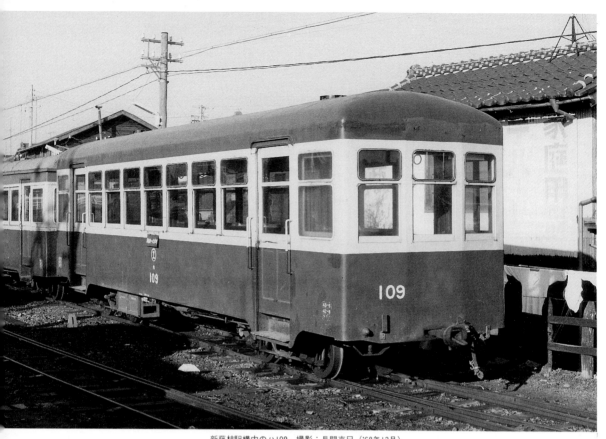

新藤枝駅構内のハ109。撮影：長門克巳（'68年12月）

ハ112

自社工場製客車の最終車。妻面は
切妻・貫通扉付となり，近代型客車
中最も洗練されたスタイルとなった。
晩年にハ108に改番された。

製造所：自社工場
製造年：1962年
自重：7.5 t
最大寸法（長さ×幅×高さ）：10800×2130×3135㎜

↓手前側妻面の床下にハンドブレーキの軸端部が見える。撮影：梅村正明（'67年6月）

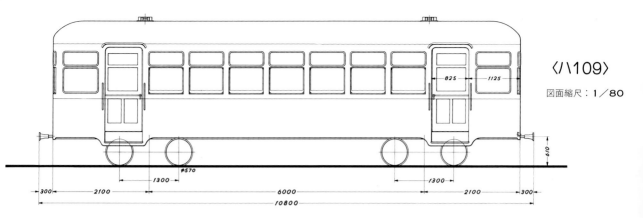

〈ハ109〉

図面縮尺：1／80

825　1125

610

300　2100　1300 φ570　6000　1300　2100　300
10800

2005
2130
762
2326
3055
3135

ハ107〜111

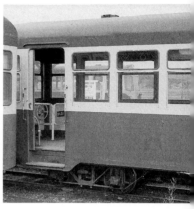

自社工場製客車の第2グループ。窓は当時流行のHゴムを多用，丸みをおびたデザインは同じ自社工場製気動車キハD14〜20と同調して，駿遠線を代表する近代型客車である。ハ107と108はウィンドシル付。なお1964年ごろに，ハ106と107の間で番号の振り替えが行なわれたもよう。

製造所：自社工場
製造年：1958年
自重：7.5 t
最大寸法（長さ×幅×高さ）
　：10800×2130×3135mm

室内の一角にはパイプに囲まれてハンドブレーキがある。車輌はハ110。　→

ハ113〜115

書類上は新造名義となっているが，実は旧草軽電鉄のホハ30形の改造車である。ステップ付となった側面ドアー部をはじめ，ベンチレーター取付やロングシートへの変更など改造点も多いが，なかでも妻面窓と側面両端部の窓は3車3様で，バラエティーが楽しめる。

製造所：日本車輌（書類上は自社工場）
製造年：1933〜35年（書類上は1963年）
自重：7.5 t
最大寸法（長さ×幅×高さ）
　：10300×2130×3050mm

↓妻面と側面両端部の窓がHゴム支持に改造されたハ115。右側のハ113は同じHゴム支持ながら中桟付。撮影：梅村正明（'67年6月）

〈貨　車〉

有蓋貨車

　末期まで残っていた有蓋貨車は、いずれも５ｔ積の木造ボギー車であった。自重は3.0〜3.3とわずかに異なるものの，形態的にはほぼ同一。軽便用有蓋ボギー貨車らしい，好ましいまとまりをみせる。

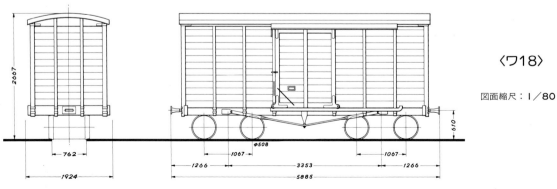

〈ワ18〉

図面縮尺：１／80

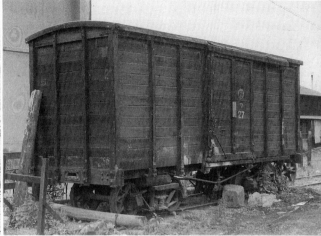

↑新藤枝のターンテーブルにのるワ18　撮影：大久保 清

↑カプラーも外されたワ27

無蓋貨車

　無蓋貨車の主力は自重2.8～3.0 t，積載重量4.5～5 tの木造ボギー車。トフとトの2種あるが，トフはハンドブレーキ，トは足踏式ブレーキという程度で，その他はほぼ同一といえる。

無蓋車の写真はすべて撮影：大久保 清

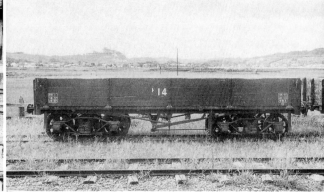

〈ト14〉

図面縮尺：1／80

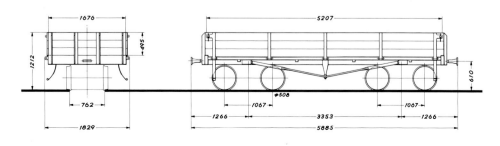

「軽便探訪・静岡鉄道駿遠線」を読んで

堤 一 郎
(特記以外の写真は筆者撮影)

TMS584号から603号にかけて16回連載された「軽便探訪・静岡鉄道駿遠線」を、大変興味深く拝見しました。本邦最大規模の軽便鉄道にふさわしい、バラエティ豊かな車輌と沿線風景が写真や図面で紹介されており、学生時代に機会をみつけては何度も訪ねたこの鉄道を、久々に懐しく思い出しました。

私もこの軽便鉄道に関心を持ち、調査を続けている一人ですが、通読し終えていくつか気づいたことがありますので、以下順を追って簡単に説明させていただくことにします。

①キハD5のボギーセンター間距離

中遠鉄道キハ3が前身のキハD5(589号参照)のボギーセンター間距離は、同号97ページの解説通り4600mmと静岡鉄道の竣工図には記されています。しかし鉄道省文書(中遠鉄道・巻4)では、同寸法は6000mmとの記載があります。編集部での寸法の推定は新井清彦氏による実測値を基に行なわれたもので、実車の写真などから判断しても、この6000という値は妥当なものと言えるでしょう。

なお、この車輌は1942(昭和17)年5月に木炭ガス発生炉(日燃式C70F型)を搭載して代燃化され、戦後静岡鉄道になってからキハD5と改称、エンジンがいすゞDA45に換装されたのです。

②キハC13とキハD13

キハD13(591号参照)は、1954(昭和29)年3月廃止の鞆鉄道から入線した3輌の車輌のうちの1輌です。旧鞆鉄道のキハ3がキハD11、同キハ4がキハC13、同キハ5がキハC12と改称されました。同号97ページの解説通り、1958(昭和33)年6月に自社(袋井?)工場で車体を延長し、台車を新製してボギー車化されキハD13を名乗ります。この時、鞆鉄道時代に設置された車体両端の荷物台(1950年1月竣工)を撤去するとともに動力台車を袋井側に変更しますが、これは他の車輌と向きをあわせ保守整備をしやすくするための措置でしょう。

591号97ページの写真(高井薫平氏撮影)は相良駅手前の入江脇を走るキハC13ですが、改造直前の最後の姿ではないでしょうか。この写真からは、動力軸が手前(新藤枝)側にあることがよくわかります。

キハD11とキハC12はともに車体延長を行なわず廃車になりましたが、後者の車体両端荷物台は入線後に撤去されています。それゆえ車体長7500mm、ボギーセンター間距離5000mmという小振りな車輌になったのです。キハC13も車体長は7500mmでしたが、ボギーセンター間距離が4500mmであり、こちらの方がむしろ全体的なバランスがとれていました。

③キハD14とキハD15

キハD14は1959(昭和34)年3月、キハD15は1960(昭和35)年1月に自社袋井工場で竣工した自社設計の車輌(592号参照)で、静岡線(新静岡-新清水間、1067mmの電気鉄道)に登場したモハ21系に設計上の共通点を見いだせます。

キハD14の台車は同号40ページの写真のように鋳鋼製、1000mm＋650mmの偏心台車です。この台車は、それまでに十分な使用実績のあるキハD6～8(590号参照)の鋳鋼製台車を模範として設計されたのではないでしょうか。

キハD14の変速機は機械式4段方式ですが、キハD15のそれは有名な家具メーカーのO社が製造した液体式変速機を搭載していました。しかし、この変速機は性能が思わしくなかったようで、後には機械式4段変速方式に改造されていました。

④2代続いたキハD16

キハD16はキハD14・15からキハD17～20に至る過渡期に出現した車輌で、車体長などは前者のものを踏襲しながら、その外観は後者の形を持つところが特徴と言えましょう。1960(昭和35)年11月に自社大手工場で竣工、台車は後者のものと同じ板台枠軸ばね式で、動力台車は偏心しています。この台車は、キハD5のものを基にして設計されたように思われます。

1968(昭和43)年8月の大井川-堀野新田間営業廃止後、従来のキハD15がキハ

↑わが国初のボギー気動車キハD11(旧鞆鉄道キハ3)。下写真共撮影：高井薫平、1958年3月
↓相良駅に進入する片ボギー気動車キハC12(旧鞆鉄道キハ5)。鞆時代には車体両端に荷台があった。

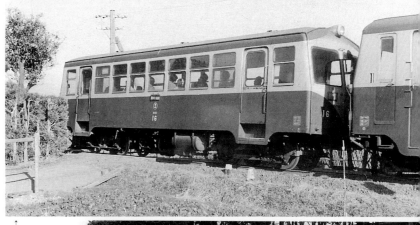

写真①

↑
上新田―大井川川間を行く2代目のキハD16（旧キハD15）。前後で台車が異なる。（1968年12月）

D16を名乗っていたことが，596号所載の杉森蔣隆氏の投稿文中にあります。しかし，この車輛の動力台車は旧キハD16の板台枠軸ばね式を転用し，前後で台車が異なっていたのです（写真①）。外されたキハD15の菱枠型台車は，新藤枝駅構内の側線に留置してありました。

1968（昭和43）年12月の訪問時には，キハD18と組み，D＋Dの珍しい編成（片方は客車代用）で走っていました。わずか6.3kmの区間に4輛（キハD16，18，19，20）の在籍は余剰だったようでまもなく解体され，私がこの車輛に乗ったのはその時が最後でした。

⑤バンガローに転用されたハ1とハ8

中遠鉄道生え抜きの小型客車ハ1（597号参照）は1964（昭和39）年12月に廃車となり，その車体だけが相良海水浴場でバンガローに使われていました。この客車の隣には同時に廃車されたハ8も並び，窓が塞がれてはいるものの現役時代の面影が大変よく残っていました（写真②）。

ハ8は同号101ページ記載のハ9とよく似た外観をしており，1922（大正11）年7月に福岡の岡部鉄工所（戦前の某学会誌の広告には，福岡市外古賀駅前と記載）で製造された木製客車で，深いダブルルーフが非常に印象的でした。

このほか，国道135号の相良海水浴場入口バス停留所付近には，三重交通から転入したハ24の車体が置かれていました。これらの客車の台枠には不明瞭ながらも銘板が残り，「大日本軌道鉄工部」・「岡部鉄工所」・「名古屋電車製作所」の銘板を見たのはこの時が初めてでした。

⑥保存されていたハ19とハ23

1968（昭和43）年8月の大井川―堀野新田間の営業廃止後，多くの車輛が解体されるなかで，ハ19とハ23が地元の中学校に保存されていました。ハ19（599号参照）は相良駅の脇を流れる萩間川を渡った相良中学校の校庭に（写真③），またハ23は上吉田駅付近の吉田中学校の中庭に，それぞれ腕木式信号機や線路とセットになって保存されていました。しかし，これらはすでに解体されてしまったのか，現在では見ることができません。

⑦貨車のボギーセンター間距離

駿遠線に在籍した貨車の総数は55輛で，このうち中遠鉄道からの引継車輛は有蓋貨車6輛，無蓋貨車9輛の合計15輛でした。同鉄道創業時に準備された貨車6輛（有蓋と無蓋貨車各3輛）はすべて1914（大正3）年1月に日本車輛で製造された木製貨車で，それらのボギーセンター間距離は3048mm（10ft）でした。

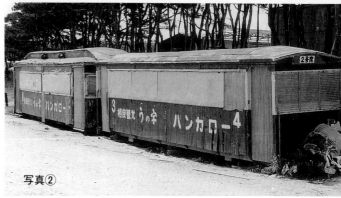

→
相良海水浴場でバンガローとなったハ1（右）とハ8。（1969年9月）

写真②

写真③

→
相良中学校で保存されていたハ19。（1968年12月）

603号に記載された貨車はどちらも藤相鉄道のもので，同じメーカーながらこちらのボギーセンター間は3353mm（11ft）になっています。標準的な車体であっても納入先の鉄道のニーズにあわせて，多少のバリエイションを持たせていたようです。

「軽便探訪・静岡鉄道駿遠線」を読み，私なりに気づいたことがらについて簡単な説明を行なってみました。大規模な軽便鉄道だけに，まだわからないことが数多くあり，今後も調査を継続したいと思っています。この拙文を読まれてコメントなどがございましたら，編集部を通じぜひお教えください。なお次の二つの資料を参考にいたしましたので，あわせてここに記しておきます。

参考資料

堤　一郎：中遠鉄道とその車両，鉄道友の会機関誌・RAILFAN別冊，車両研究6（1992-12），No.477，P.22-P.27
藤枝市郷土博物館編：市制施行40周年記念展「軽便鉄道」図録（1994-3）

筆者略歴

1950（昭和25）年，東京都銀座生まれ。12才頃に初めてOゲージで鉄道模型を製作，すぐにHOゲージに転向し，現在はナローゲージ主体に製作。

模型製作のほか，産業考古学的な観点から，廃止された鉄道の産業遺産を対象に，調査・研究を行なっている。産業考古学会の組織担当理事をはじめ，日本機械学会や精密工学会等の役員をつとめる。

文中の号数は原記事掲載のTMS号数。以下，本書での該当頁数を示す。589号→50頁，591号→54頁，592号→56頁，590号→52頁，597号→60頁，599号→67頁，603号→74頁。

77

③神岡鉄道 《猪谷構内と沿線》

↑神通川にかかる大鉄橋を渡り，列車は猪谷構内へと近づく。

神岡鉄道は，国鉄・高山本線の猪谷（いのたに）―神岡町間23.9kmを結んだ，610mmゲージの鉱山鉄道である。しかも，1948年～1962年の間は，当時国内で唯一 610mmゲージで一般旅客の取扱をしていた軽便鉄道であった。

その歴史は古く，神岡鉱山から産出される亜鉛などの鉱石を輸送するために，1923年に船津（現神岡）町―笹津間40.6kmが開通，動力は馬力であった。

1927年にガソリン機関車を導入，1930年には高山本線の建設に合わせて笹津―猪谷間を廃止し，神通川を渡る大鉄橋を建設して，前記の路線となったのである。1958年ごろから廃止が始まり，部分廃止を繰り返しながら，1967年に全廃となった。

新井氏が訪れたのは全廃直前で，路線は猪谷―茂住間のみ，猪谷構内も大型ホッパーはすでになく，国鉄への積換は写真のような仮設小屋的な「ホッパー」で行なわれていた。　　　　　　　　　　　　　（撮影はすべて1967年3月20日）

至富山

not to scale

猪谷

高山本線

至岐阜

神岡町

←構内で入換中の806号機。無蓋車の次は神岡名物・緩急車フ13。

〔猪谷構内にて〕

↓→
仮設定な「ホッパー」での荷降し風景。鉱石を積んだ貨車は順に「ホッパー」に引込まれて荷降しされ、鉱石は横のベルトコンベアーで国鉄の貨車に積まれる。

←大きな倉庫脇の
線路に並ぶ2軸
無蓋貨車の群。

〔猪谷構内にて〕

↙↓おもしろい形の
ターンテーブル
（左）と建物の基
礎らしきものの
間を通る線路。

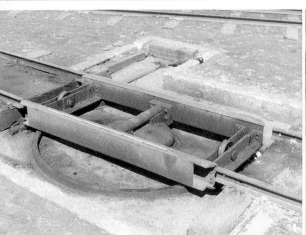

線路脇にポツンと建つのは保線小屋であろうか。先のカーブには木造の落石おおいが設置され，この鉄道の厳しさが感じられる。

山腹にはりつくようにして走る2フィートの貨物列車

トンネルポータル2態。どちらもコンクリート製のりっぱなものだが，左側は木造の落石おおいが付けられている。

〔トンネルポータルと鉄橋〕

上から見ると背の低い鉄橋だが，横から見ると本格的なトラス橋である。

《機関車》

機関車は1927年のガソリン機関車導入以来，一時期，軍用軽便のEタンク蒸機K2が入ったのを除いて，内燃機関車が活躍した。

末期は酒井工作所製の8t機（801～809）が主役で，猪谷構内の入換には同じメーカーの6t機（602）の姿も見られた。いずれも平凡な産業用機関車だが，8t機のキャブ屋根上に付けられたタンク（燃料用？）が，ささやかなアクセントになっている。

←一般旅客取扱当時の猪谷構内で，タンク車主体の列車を入換中の602号機。右端の上屋は硫酸積換場，そのさらに右奥が旅客ホームである。左端には神岡名物の緩急車フ10と13の姿が見えるが，次頁のフ13の側面中央がドアーなのに対して，窓となっているのに注意。

（撮影：田尻弘行，1961年4月）

↙↓「仮設ホッパー」の引込線で停車中の804号機。次位のトフ42は荷台中央にハンドブレーキが立つ。

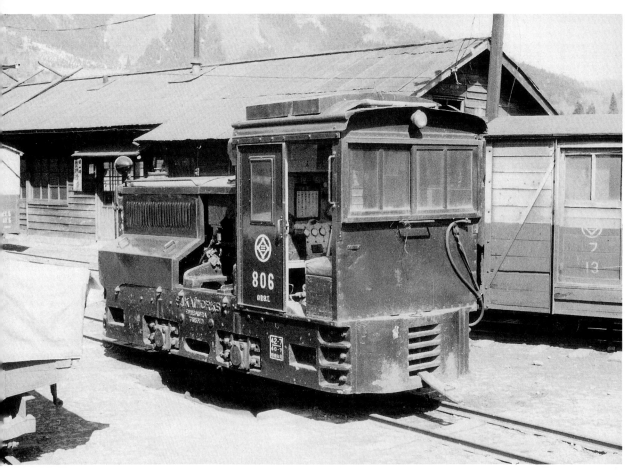

←↑酒井工作所製の8t機 806
号。キャブ屋根上のタンク
後方には，なぜかスコップ
が乗っている。動輪直径610
mm，軸距1200mm，台枠全長
3940mm，レール上面—屋根
上間2152mm，車体幅1365mm，
エンジン日野ＤＡ55。

↑茂住に停車中の
802号機。バック
の傾斜地に建て
られた魅力的な
ストラクチャー
に注目。
撮影：田尻弘行
（1961年4月）

猪谷構内のター　→
ンテーブルにの
る801号機。
撮影：田尻弘行
（1961年4月）

保存された31号機

撮影：須永秀夫
（1985年9月）

神岡城跡で無蓋車・
有蓋車・タンク車と共
に保存された31号機。
酒井工作所製の5t機
で，一時薪ガス発生器
を装備していた。

↑東猪谷で小休止する神岡町行列車　撮影：田尻弘行（1961年4月）

《無蓋車》

鉱石輸送の主役ともいえるのが無蓋車で，一般的なスタイルの3t積2軸車と，台車がぐっと車端に寄ったゴンドラカー風の5t積ボギー車に大別される。どちらもブレーキなしが基本で，ブレーキ付2軸車は荷台中央に手ブレーキが立ち，「トフ」の表記がなされていた。ブレーキ付ボギー車にはエアーブレーキのみ装備で，やはり「トフ」と表記。

また，かつては箱詰貨物や木材などの輸送には，フラットカータイプの無蓋車・ト1501〜1600も活躍した。

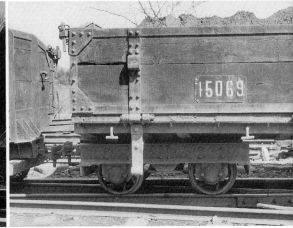

↑ブレーキなしのト5071（左）とト5069の台車。軸受部分の形態やリベットの位置などが微妙に異なる。

↓エアーブレーキ付のトフ5526の下まわり。車体台枠やエアーブレーキの配管がよくわかる。

図面縮尺：1／45

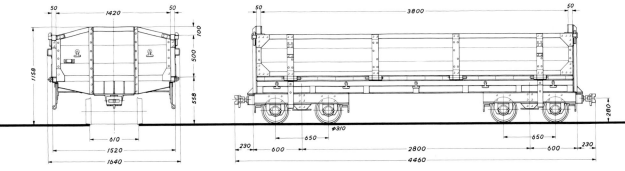

〔2軸無蓋車〕

←ト702

ト712→

↓トフ41
荷台中央に手ブ
レーキが立ち，
両サイドにはア
ングル利用の手
スリ（？）が付く。

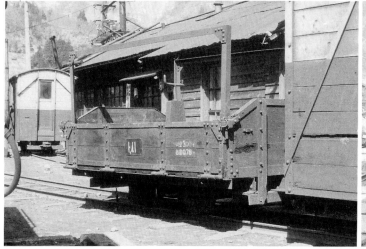

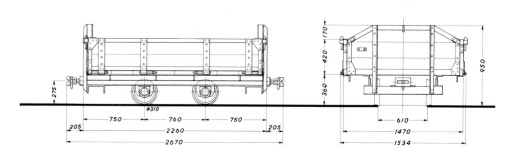

ト712

図面縮尺：1／45

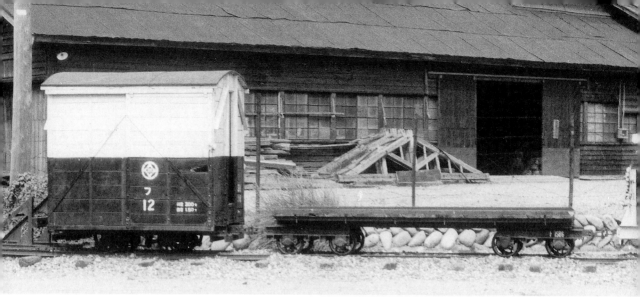

↑フ12（左）などと共に保存中の無蓋車・ト1586　撮影：平田邦彦（1969年8月・神岡町）

〔フラットカータイプの無蓋車〕

1936年頃の猪谷構内

鳥井昌一郎氏のアルバムより

写真提供：平田邦彦

戦前の経営主体が神岡水電時代の猪谷構内の写真である。右側奥に見える高い建物がホッパー，その手前が積換用クレーン，中央には木材を積んだフラットカータイプの無蓋車がズラリと並ぶ。

《緩急車と２軸有蓋車》

神岡鉄道の名物といえるのが緩急車で，ご覧のように２軸有蓋車の改造と思われるスタイルをしている。すなわち，２軸有蓋車の妻面および荷物ドアーのない側面に，内付引戸（又は窓）を新設した車輌と考えられる。新井氏が撮影した1967年には車体表記が「フ」に統一されているが，田尻弘行氏が訪れた1961年には「フ」と「ワフ」の２種の表記が見られる。

フ16

図面縮尺：1／45

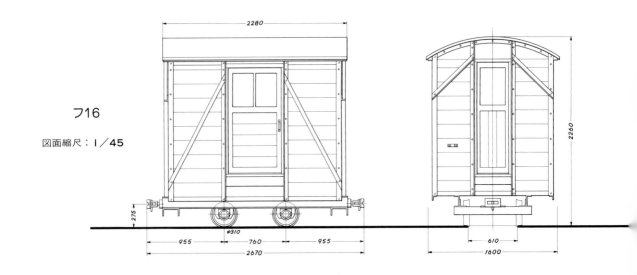

↑神岡町行列車の最後尾
に付いたワフ8。室内
がわかる貴重なカット。
　　撮影：田尻弘行
（東猪谷，1961年4月）

　　　　　　　　　→
　フ16の内付引戸側サ
イド。有蓋車時代に
は、妻面と側面のド
アーはなかった。

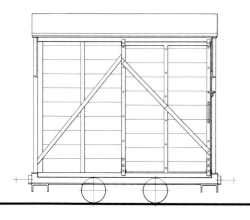

↓フ16の外付引戸側サイドを前後から見る

↑神岡町に到着した列車。すでに機関車とタンク車は外され，緩急車も作業員に押されて転線しようとしている。
撮影：田尻弘行（1961年4月）

〔2軸有蓋車〕

←一時期，神岡町で保存されていたワ16。右はボギー有蓋車ワ508。
撮影：平田邦彦（1969年8月）

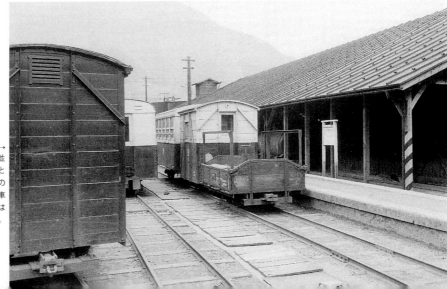

→
猪谷の旅客ホームに並ぶ2軸有蓋車（左端）と緩急車など。緩急車の側面中央が他の緩急車のような内付引戸ではなく，窓なのに注意。
撮影：田尻弘行
（1961年4月）

《客　車》

↑→
廃車後，猪谷構内で倉庫とし
て使われていた客車No.52。側
面扉が片サイドにしかないの
がおわかりいただけよう。
（1967年 3 月撮影）

〔ボギー客車〕

神岡鉄道の客車は数種類あったようだが，
最後まで活躍したのは写真のグループである。
小径車輪の付いた台車を極端に車端に寄せた
スタイルは，ボギー貨車と共通。車体は貫通
扉付のカマボコ型で，側面扉が片サイドにし
かないのが特徴である。

図面縮尺：1／45

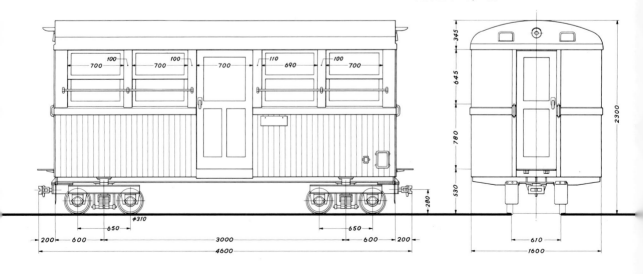

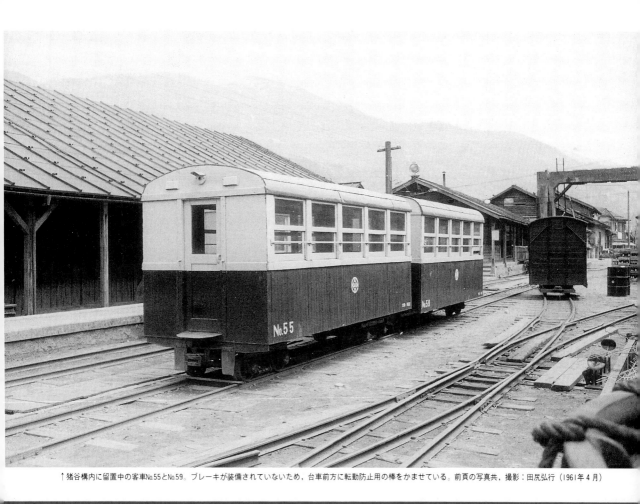

↑猪谷構内に留置中の客車№55と№59。ブレーキが装備されていないため，台車前方に転動防止用の棒をかませている。前頁の写真共，撮影：田尻弘行（1961年4月）

戦前の"客車"たち

鳥井昌一郎氏のアルバムより　　写真提供：平田邦彦

　右写真は1937年5月ごろに撮影された、巡察用らしきボギー客車。スイスの展望客車を思わせるそのスタイルは、いま見てもすばらしい。側面の窓ガラスは側板外側下部にスライドする構造のようで、窓枠上辺にガラス吊上用と思われる突起が見られる。なお、左端の人物が鳥井昌一郎氏で、当時神岡鉄道の経営主体であった神岡水電に勤務されておられたという。
　下写真は、酒井工作所製の23号機に連結されて鹿間に停車中の"2軸客車"（1937年8月3日撮影）。無蓋貨車に布製の屋根を付けたような代用客車風スタイル。

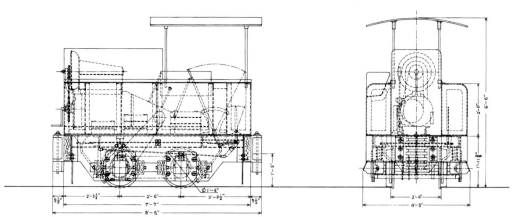

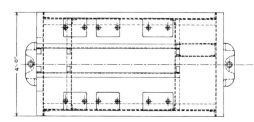

AUSTRO DAIMLER 3.5t

上の写真の異様なスタイルの機関車は，神岡水電が導入
したアウストロ・ダイムラー製の3.5t機。フェルトバー
ン用12馬力機関（FB12形）を備え，僚機には同じ機関を
横置きした凸型車体も存在した。制動はバンドブレーキ。

図面縮尺：1/45　組立図トレース：名取紀之

《沿線風景とタンク車》

←1936年頃の猪谷構内
に並ぶ3号機ほか。
鳥井昌一郎氏
　のアルバムより
写真提供：平田邦彦

↓1936年，鹿間ー船津間と思われる地点で停車中のダイムラー
　製の5号機。機関車のすぐ左側の白い建物は船津町役場と推定。
　　鳥井昌一郎氏のアルバムより　写真提供：平田邦彦

↓1937年5月3日，猪谷構内にて　鳥井昌一郎氏のアルバムより　写真提供：平田邦彦

↑茂住に停車中のタンク車主体の貨物列車。バックの傾斜地にはインクラインが設置され、いましも2軸無蓋車が移動中。撮影：田尻弘行（1961年4月）

〔タンク車〕

タンク車は，選鉱に使用する硫酸などの薬品を輸送するために使用された。2軸車は少なく，ほとんどは5t積の2軸ボギー車である。メーカーは新潟鉄工所・日本車輛・富士重工などに分れているものの，形態・寸法共にほぼ同一。

↓神岡城跡に保存された富士重工製タ60。次頁上写真と共に撮影：須永秀夫（1985年9月）

↓神岡城跡に移される前のタ60。撮影：平田邦彦（1969年8月）

↓タ60のハンドブレーキ部
撮影：松井大和（1980年10月）

図面縮尺：1／45

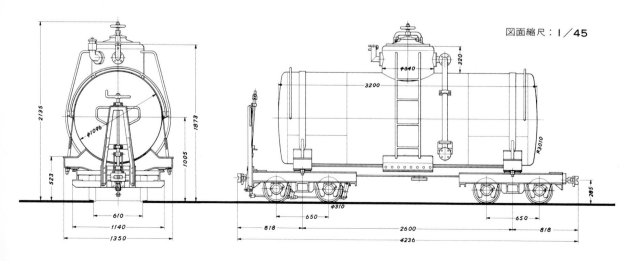

↑かなり荒廃した神岡城跡に保存中のボギー有蓋車ワ508　撮影：須永秀夫（'85年9月）

〔ボギー有蓋車ワ501～520〕

ワ501～520は，1951年川田鉄工所製の5t積ボギー有蓋車。下まわりは，ボギー無蓋車と形態・寸法共にほぼ同一。妻面上部の通風口がアクセントになっている。

図面縮尺：1／45

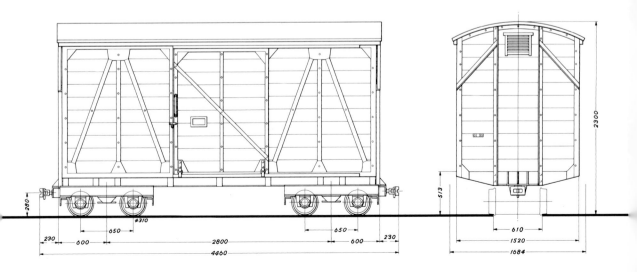

↑神岡城跡に移動する前のワ508
撮影：平田邦彦（'69年8月）

　　　　　　　　　　　　　　　　　　　　→
妻面上部の通風口がよくわかる
撮影：松井大和（'80年10月）

↓今も残るボギー有蓋車の車体
撮影：平田邦彦（'95年9月）

↑辺りの静寂を破り，
轟音と共に酸川鉄
橋を渡るキハ2401。
（'68年10月）

→沼尻構内で並ぶ
ラッセル車セタ36
（右）とキハ2402。
（'68年10月）

④ 日本硫黄 沼尻鉄道

《川桁から沼尻へ》

沼尻鉄道 路線図
not to scale

● 停車場　○ 停留場

　最後まで"軌道"ムードあふれる軽便鉄道…，それが沼尻鉄道であった。機関車が蒸機からＤＬに代ったとはいえ，木造客車や小さな無蓋車セタを連結した列車が，併用軌道上をゴロゴロと走る。途中駅にはホームがなく，乗客は道路から直接客車に乗降する，といった具合である。

　沼尻鉄道の歴史をたどると，1913年５月に硫黄の採堀精錬を主に行なう日本硫黄株式会社・耶麻軌道（軌間762mm・動力は馬力）として開業，翌年１月には早くも２輛のコッペル機を使って動力を蒸機に変更している。1945年１月には地方鉄道に変り，なじみ深い「沼尻鉄道」となった。

　末期には，会社名を磐梯急行電鉄に改めたが，ファンにとっては廃止になった仙北鉄道からＤＣ103やキハ2401・2402を譲り受け，よりバラエティー豊かになった車輛群の方が魅力的であった。

↓併用軌道を外れて専用軌道に入る旅客列車（'68年４月）

❶

川 桁

　国鉄川桁駅の東に広がる沼尻鉄道の川桁駅構内は，ナローファンのパラダイスだ。小ぶりな駅舎に続く旅客ホーム付近の線路は，魅力的なカーブを描く。この鉄道の主要貨物である硫黄積換え用の貨物側線には，いつも小型無蓋車セタがたむろする。機関車のウィールベースぎりぎりしかない小さなターンテーブルなど…。レイアウト製作のテーマにはことかかない駅である。

❷

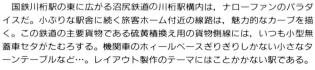

↑川桁駅舎を2方向から見る。ホームと地面は同じ高さ。↓

❸

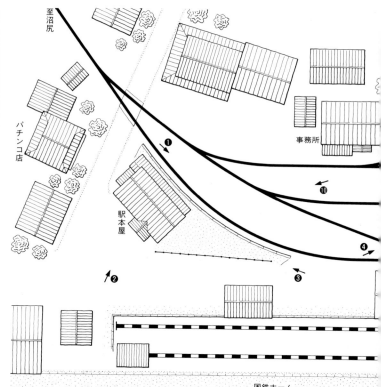

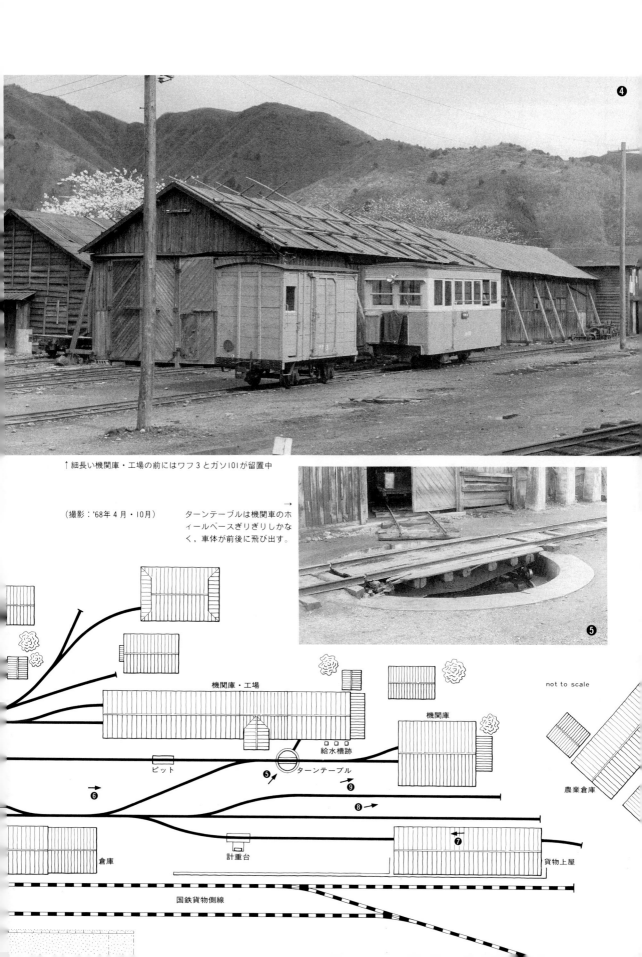

④

↑細長い機関庫・工場の前にはワフ3とガソ101が留置中

（撮影：'68年4月・10月）

ターンテーブルは機関車のホ
ィールベースぎりぎりしかな
く，車体が前後に飛び出す。→

⑤

not to scale

機関庫・工場

機関庫

農業倉庫

ピット

給水槽跡

ターンテーブル

⑤

⑥

⑨

⑧

倉庫

計重台

⑦

貨物上屋

国鉄貨物側線

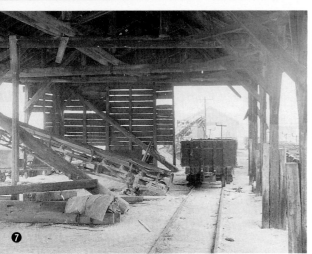

貨物上屋内部には積換え用のベルトコンベヤーが…。

❽

❼

白 津

川桁の次の停留所。付近は
併用軌道になっており、停留
所にはホームもなく、待合所
がポツンとあるだけである。

しろづ
SHIROZU
うつのかわけた

⑨

〈川桁駅構内〉

↓構内で貨物列車が発車待ち。左奥に国鉄川桁駅の駅舎が見える。

⑩

↑名家－会津樋ノ口間を走る単色塗装時代の客車列車。撮影：亀谷英輝（1956年10月）

会津下館

川桁から来て初めての停車場。
列車交換は可能だが，末期には
定期列車での交換はなかった。

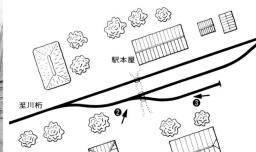

↑半ば土に埋もれた併用軌道上をキハ2402がやってきた　撮影：堤　一郎（'68年10月）

❸

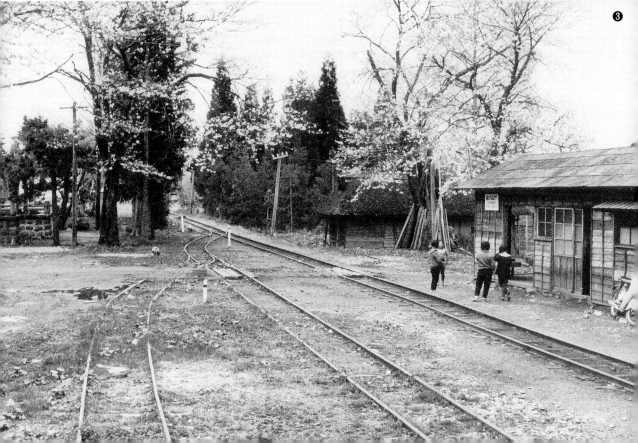

↑ＤＣ12が牽く上下列車の交換風景
（'68年4月）

会津樋ノ口

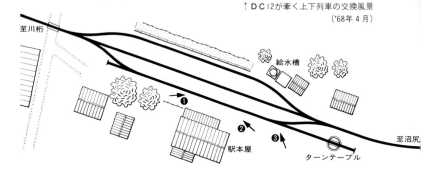

至川桁

給水槽

❶

❷

❸

駅本屋

ターンテーブル

至沼尻

　川桁と沼尻のほぼ中間に位置する停車
場で，最後まで上下列車はここで交換し
ていた。比較的ゆったりした線路配置だ
が，ホームは1面しかない。構内には給
水槽も残っていて，蒸機時代を偲ばせる。

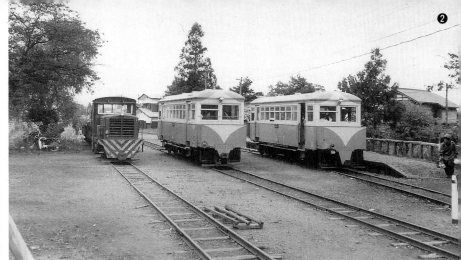

↑末期には車輛が元仙北鉄道のキハ2401（中央）とキハ2402に代った　（'68年10月）

→
構内に残る給水槽。
コンクリート製と
鉄製の2種が並ぶ。

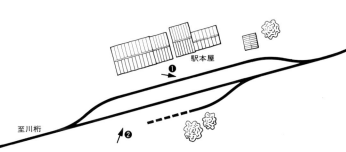

至沼尻

駅本屋

至川桁

木地小屋

まわりにはあまり人家もなく，荒漠と
した風景が広がる停車場である。構内に
はホームもなく，線路上から直接客車に
乗り込む。次はいよいよ終点・沼尻だ。

↑発車待ちの川桁行列車（'68年4月）

沼　尻

　荒涼とした風景の中を進んで来た列車が33パーミルの直線勾配を登りきると，そこが終点・沼尻だ。硫黄輸送はなやかなりし頃には，到着した列車はすぐにデルタ線を使ってセタの入換を行なうと同時に，機関車の方向転換をして上り列車の運転に備える。構内には索道からの積換設備もあり，鉱山鉄道の終点らしいムードが漂う。

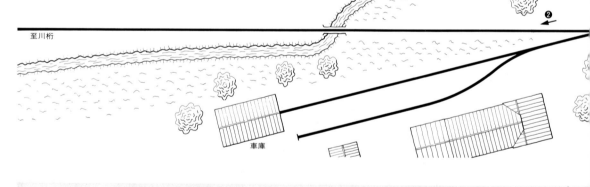

至川桁

車庫

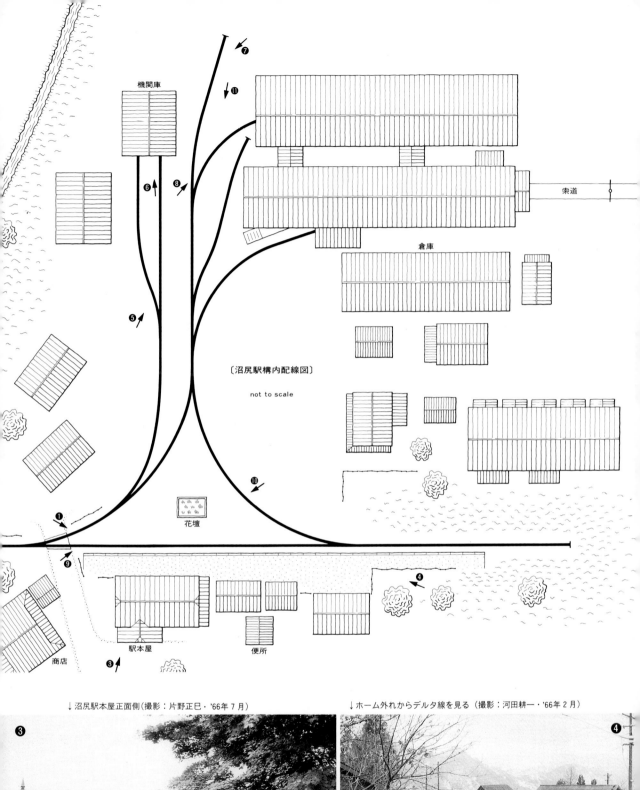

〔沼尻駅構内配線図〕

not to scale

機関庫

倉庫

索道

花壇

駅本屋

便所

商店

❶ ❸ ❹ ❺ ❻ ❼ ❽ ❾ ❿ ⓫

↓沼尻駅本屋正面側（撮影：片野正巳・'66年7月）

❸

↓ホーム外れからデルタ線を見る（撮影：河田耕一・'66年2月）

❹

❺

❻

←機関庫の扉を開けてみると元
仙北鉄道のＤＣ１０３がいた。
端梁の下辺を延ばしカプラー
高さを下げているのがわかる。
（撮影：堤 一郎・'68年10月）

〔沼尻駅構内〕

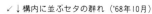
↙↓構内に並ぶセタの群れ（'68年10月）

❼

❽

❾

←スペースを有効に
使ったカーブポイ
ント。その右には
降雪地のため長く
伸びた車輌接触限
界標が見える。
（'67年5月）

↓キハ2402の右奥には
単線の車庫がある。
（'68年10月）

❿

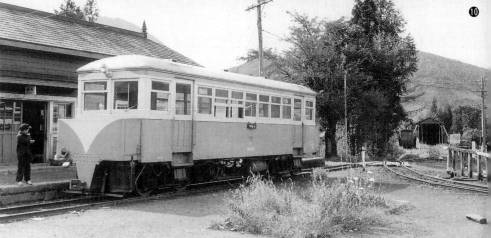

⓫

DC12

1953年に蒸機に代って沼尻鉄道の主力の座についた，C型ロッド式ディーゼル機関車。製造は東北のメーカー協三工業で，足まわりの一部に蒸機の部品を流用していると言われている。運転整備重量12t，エンジンは三菱DF形，変速機は機械式4段。

図面縮尺：1／80

↓DC122のボンネット上面と下まわり右側面　'68年4月

メーカー写真に見る製造時のDL2形式

写真協力：岡本憲之

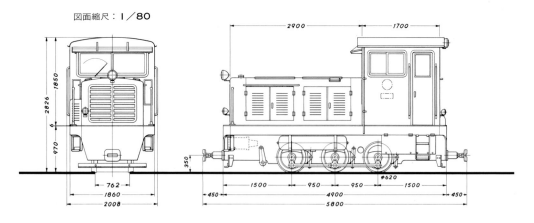

沼尻鉄道で活躍した2種類のディーゼル機関車のメーカー写真をお目にかけよう。同じ協三工業製・ロッド式C型機で，L型機とセミセンターキャブ機の違いはあるものの，共通のデザインポリシーを見ることができよう。共に排障器未装着，DC12はキャブ前面窓上のヒサシも取付けられていない。

製造後わずか3年目のＤＣ121。端梁のゼブラマークはまだない。　　前頁上写真共，亀谷英輝撮影　'56年10月

↓DC121後妻面　　撮影：堤 一郎　'68年10月

〈DC122〉

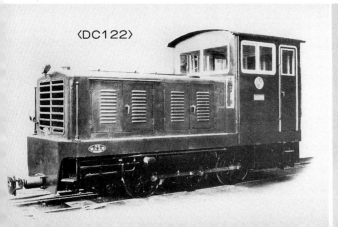

〈DC103〉
（元仙北鉄道）

(本頁写真はすべて亀谷英輝撮影 '56年10月)

〔沼尻鉄道最後の蒸機C122〕

C122 は1923年コッペル製の12tC型機。C123 と共に、1949年に栃尾鉄道から譲渡された。いかにもコッペルらしいバランスのとれたスタイルは、スノープロウと火の粉止の装着によって、よりパワフルな印象となった。1953年のディーゼル機関車導入後も予備機として残されたが、C123が '58年8月、C122が '62年3月に廃車されている。本頁の写真は亀谷英輝氏が1956年10月に訪問された折に、機関庫から引き出してもらい撮影したもの。その際、「C123もいますよ」と言われたが撮影せずに終わり、今でも「悔やんでいます」とのこと。

←C122のメーカーズプレート。

《単　端》

ガソ101

小型蒸機メーカーとして知られている雨宮製作所製（1929年）の単端式気動車。ところがこのガソ101，当初は両運車として作られ，のちに単端式に改造されたというのが真相らしい。形態的には同じメーカーの九十九里鉄道 201に似ているものの，沼尻では直接路面から乗降するために床面が低いことと，ドアー位置が左右で点対称となっているのが異なる。運転時には，同系の客車サハ8～10を連結していた。

ガソ101の妻面2種。後妻面にもライトが付き，折りたたみ式の荷台を備える。（'68年4月）

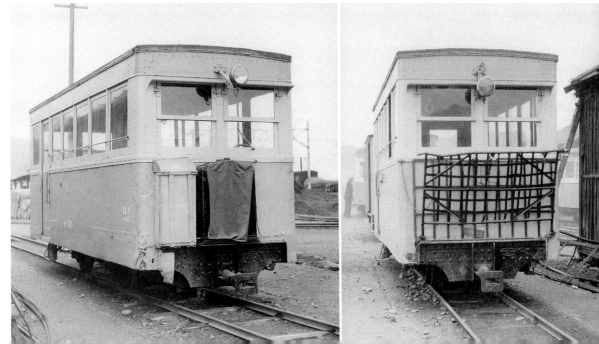

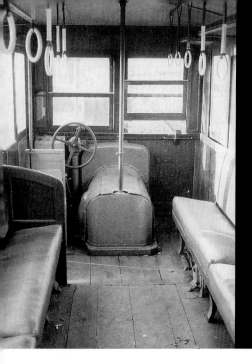
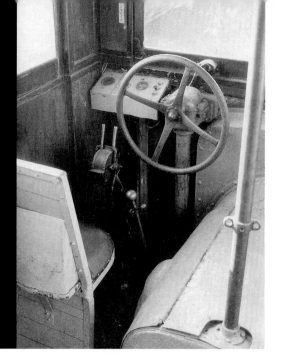

ガソ101
の室内

撮影：堤 一郎

（'68年10月）

前端中央には
カバー付のエン
ジンがデーンと
鎮座する。左側
の運転手席のハ
ンドルはもちろ
んブレーキ用。

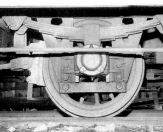

↑垂れ下がった側面裾のために普段は見づらい下まわりを、ストロボを使って撮影。左が前方で、コイル
バネの入ったのがエンジン台枠の後端。中央のベベルギヤーの箱から、前後車軸にチェーンが伸びる。

図面縮尺：1／80

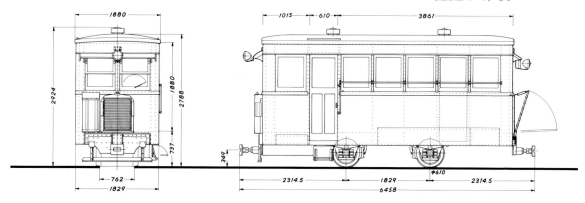

茶塗り時代の ガソ101

撮影：亀谷英輝
（'56年10月）

後年と較べて大きな変化はないが，なんといってもラジエーターの形が異なることと，その保護棒が目につく。また，前面ヒサシ上にはタンクらしき箱が二つ付いている点にも注目していただきたい。

《客　車》

↑屋根先端部下辺が水平のボハ7（'68年4月）

ボハ6・7

沼尻鉄道初のボギー客車で，2軸客車の№1～3とチハ4・5に番号を続けてボハ6・7となった。元は浜松鉄道所属，1920年・雨宮製作所製の木造車である。竣功図では明り窓付のモニタールーフとなっているが，現車は戦後の解体修理の際にモニター部を撤去して丸屋根となっている。細部を見ると，屋根先端部下辺がボハ6が円弧状なのに対してボハ7が水平，妻面扉上部はボハ6が直線でボハ7が円弧状と，2輌で微妙に異なっている。

↓中央の横梁には板材を重ねたようなキングポスト（？）が付く

↓台車は軸距813㎜，車輪直径459㎜の超小型バーフレーム

図面縮尺：1／80

※カッコ内寸法は実測値

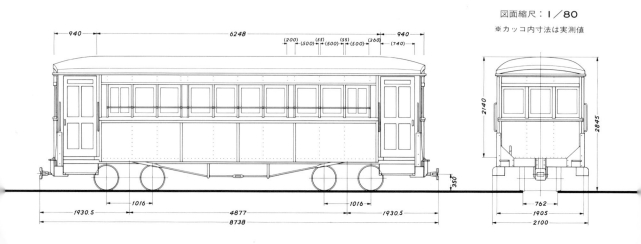

↑↗ボハ6（右端・堤一郎撮影）とボハ7のデッキ部。妻面扉上辺をはじめとして、2輛で細部が異なる。

→
こちらは屋根先端部下辺が円弧状をしたボハ6（'68年4月）

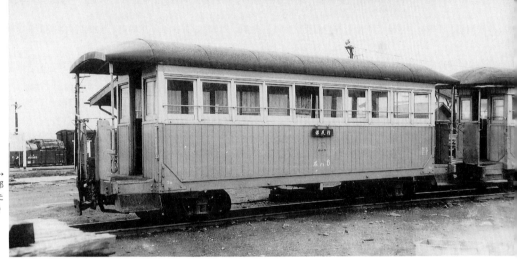

ボサハ12・13

元栗原鉄道のサハ1403・1404を1956年に譲り受け、連結器位置を下げ、出入口下にステップを付けた程度で使用していた。1928年・丸山車両製の木造車ながら、側面扉付・鋼板張り車体のなかなか近代的なスタイル。

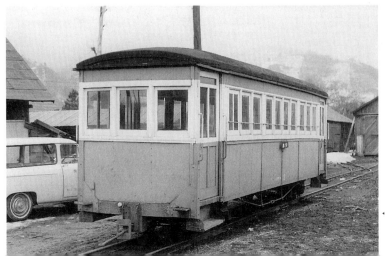

←撮影：橋本 真（川桁にて）

↑サハ9のサイドビューと手ブレーキ側妻面（'68年4月）

サハ8～10

ガソ101の増結用に作られた小型半鋼製客車だが，DL牽引列車にも使用していた。ガソ同様に，側面扉の位置が左右で点対称になっているのが特徴。サハ8は1931年・岩崎レール商会製，サハ9・10は1933年・新潟鉄工所製。

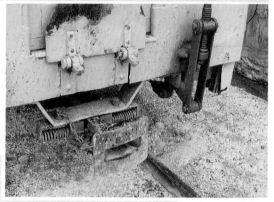

↑サハ9の手ブ
レーキ側妻面
下部のアップ

←川桁構内に並ぶ手
前からサハ10・ボ
ハフ11・サハ9。
撮影：堤 一郎
（'68年10月）

↑ ボハフ1 （'68年4月）

↓ ボハフ2 （'68年10月）

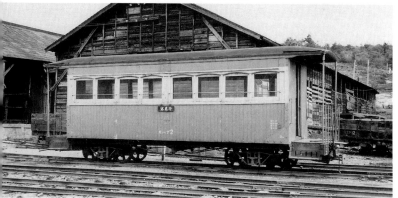

ボハフ1・2&シボフ3

　側面窓上辺が優雅なアーチ形をした木造客車。中国鉄道稲荷山線の改軌にともなって転入してきた。同系車が日本砿業（佐賀関）・大分交通豊州線・十勝鉄道にもいた。シボフ3は元2・3等合造車で、竣功図でも室内は中央で仕切られ、シートの奥行も前後で変えて書かれている。

↑ ボハフ1の手ブレーキテコ部

↓ ボハフ1の台車。軸距1016㎜・車輪直径559㎜。

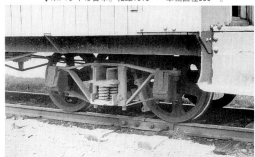

沼尻にて　　　'68年4月

ボハフ11

1952年12月に自社で製造した木造ボギー客車。貫通ドアー付の箱型車体は，側面ドアーの裾部分がぐっと下がった軌道線タイプのスタイルが特徴。窓が小さく，やや陰気なムードがただよう。ボギー中心距離や台車軸距はボハフ1・2と同一。

川桁にて　　撮影：堤 一郎　'68年10月

撮影：長峰征一　　'67年7月

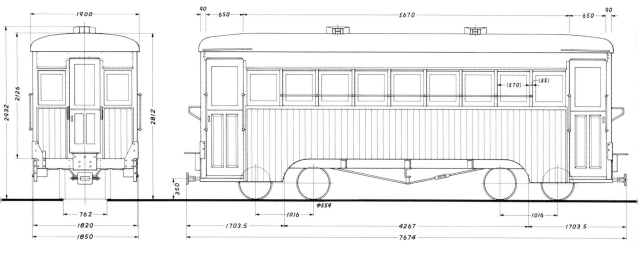

↑ボハフ1・2と同系の台車

↓ドアー部分の垂れ下がった軌道線風スタイル

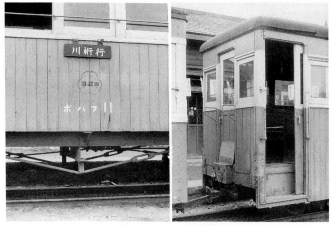

増設した一段下がったステップがぐっと外に張り出しているのがわかる　　川桁にて　　'69年4月

ボサハ14

　　ボサハ12・13と共に栗原鉄道からやって来た1919年・雨宮製作所製のボギー客車。車体は木造だが、表面鋼板張りのいわゆるニセスチール化されている。原型とはかなり形は変っているらしいが、大きな窓の明るいデザインは、沼尻鉄道客車軍団随一の伊達男ぶりを誇る。

図面縮尺：1／64

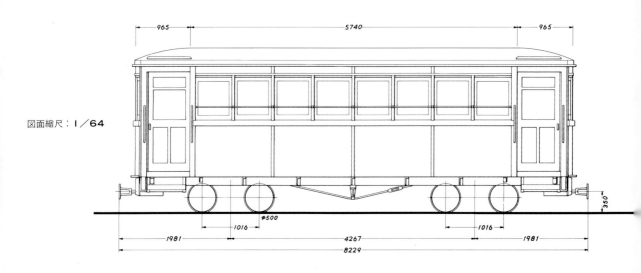

一端のドアーをあけると手ブ
レーキハンドルが鎮座する。

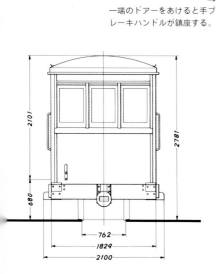

《貨　車》

ラッセル車・セタ36

雪国の軽便・沼尻鉄道唯一のラッセル車。外観と番号からわかるように，無蓋車の改造である。車体をはじめとして各部は手作り的な工作法ながら，ユーモラスなスタイルでまとめられている。

沼尻にて　　　撮影はすべて'68年4月

ラッセル車の
ディテール

↑川桁にて　'68年4月→

ワフ2・3

　自社の沼尻工作課製の3t有蓋緩急車。ブルーに塗られた車体はなかなか魅力的で，沼尻鉄道のマスコット的存在。軸受部をふくめて，全体の構造はセタと似ている。なお，竣功図の軸距は1321㎜になっているが，下図は正しいと思われる実測寸法で作図した。

〈ワフ2・3〉　　　〈セ　タ〉　　図面縮尺：1／80

※カッコ内寸法は実測値

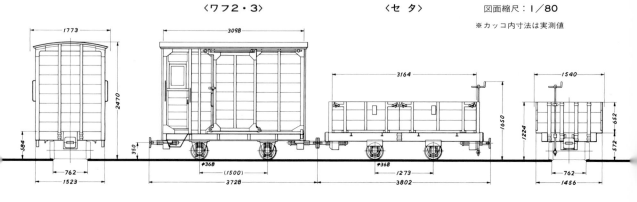

↑会津樋ノ口にて　　'68年10月

↑セタ17　　'68年10月

セ　タ

　沼尻鉄道の貨物輸送の主役がこの3t積無蓋車セタである。ワフと同様に沼尻工作課製で、コイルバネを使った軸受がめずらしい。全盛期には硫黄を満載したセタと客車のミキストが活躍した。

セタ32　　'68年10月

5 北海道の簡易軌道

● 別海町営軌道
❷ 浜中町営軌道
❸ 幌延町営軌道
❹ 標茶町営軌道
❺ 歌登町営軌道

　簡易軌道は，国鉄沿線から離れた地帯に入殖した開拓者たちの足として，戦前に内務省所管の殖民軌道としてスタートした。戦後は名を簡易軌道と改め，軌道は国有財産として農林省の管理下にあり，新設・改良は北海道開発局が担当，管理・運行は各町村が当たるという，いわゆる軽便鉄道とは異なる特殊な鉄道である。また，車輌に番号が付いている軌道もほとんどなく，続行運転を行なうなど，車輌運用や運転でも独特なものがある。道路の整備が進み，1970年度で補助金が打ち切られたため，'71年の浜中町営軌道を最後に全廃された。ここでは，比較的おそくまで残った左図の5軌道を紹介したい。

〈1〉別海町営軌道・風蓮線

❶

　別海町営軌道の歴史は古く，国鉄標津（しべつ）線の建設と競合する区間を廃止した殖民軌道根室線の残りの区間（厚床—風蓮間），および風蓮—上風蓮5線9号間の新設線，合計15.162kmが1938年に風蓮線として誕生した。
　戦後1960年に，改良第1次事業として国鉄奥行臼—小学校前間（9.88km）の新設工事に着手，'64年の小学校前—上風蓮5線9号間（3.32km）の路床改良工事完了と共に，簡易軌道風蓮線として運行を開始している。
　なお，右の路線図の停留所名のうち，奥行臼第一〜同第三は，停留所の表示名が実際には奥行第1〜同第3となっていたので，カッコ内に記しておいた。

（撮影は'68年7月および'69年8月）

〔別海町営軌道路線図〕

↑タンク体を吊り上げて，後部鏡板下部につないだホースで牛乳をトラックに積換中。タンク体をわずかに後ろ下リにしている点に注意。

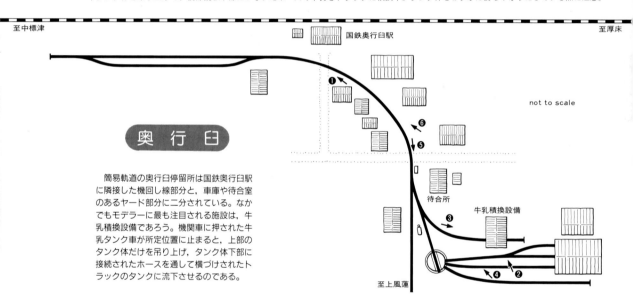

至中標津　　　　　　　　　　　国鉄奥行臼駅　　　　　　　　　　至厚床

not to scale

奥 行 臼

　簡易軌道の奥行臼停留所は国鉄奥行臼駅に隣接した機回し線部分と，車庫や待合室のあるヤード部分に二分されている。なかでもモデラーに最も注目される施設は，牛乳積換設備であろう。機関車に押された牛乳タンク車が所定位置に止まると，上部のタンク体だけを吊り上げ，タンク体下部に接続されたホースを通して横づけされたトラックのタンクに流下させるのである。

待合所

牛乳積換設備

至上風蓮

❹

↑ヤードに停車中のMr.KATO（左，1962年製6t機）と釧路製作所製6t機（1964年製）

↓奥行臼の乗降場に停車中の釧路製作所製自走客車（左）と国鉄駅前に延びる連絡線

❺

❻

上風蓮

終点・上風蓮には，牛乳メーカーのコールドステーションと名づけられた建物がある。構内配線も，ターンテーブルをポイント代わりに使っているのがおもしろい。

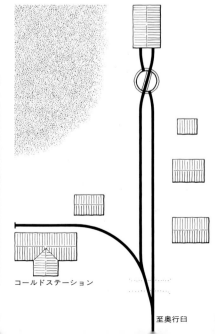

コールドステーション

至奥行臼

釧路製作所製DL

メーカー形式をKSC－6形と称する6t機。製造1964年, 製造番号 305。最大寸法は長さ3700×幅1400×高さ2200mmで, 軸距は1200mm（実測）。

釧路製作所製自走客車

簡易軌道各線で活躍した自走客車と共通したデザイン。メーカー形式KSC－8形, 製造1963年, 製造番号は 304。最大寸法は長さ9300×幅2100×高さ2950mm。車体の塗色は右写真（1968年）はグリーンの濃淡に白帯だが, 翌年訪問時には赤に白帯へと変更されていた。

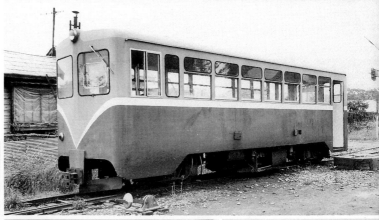

学校前

木製の簡単な乗降台と小さな小屋があるだけの停留所。側線もモーターカー用の一本だけ。

牛乳タンク車

貨物輸送の主役となっているのがこの牛乳タンク車。2個所に付けられた吊下げレバーで, タンク体を吊り上げる。1964年泰和車輌製。車体台枠の外寸は長さ4200×幅1800mm, タンク本体は長さ3600×幅1820×高さ1250（以上すべて実測）。

別海町営軌道上風蓮のコールドステーション

2001年3月号（№680）のTMSを読んだ時に，ビックリさせられることがありました。

そこには倉林実氏の「下内村営軌道を改修しました」というレイアウト発表記事があり，その中で氏が「願わくば別海町営軌道の上風蓮のコールドステーションと浜中町営軌道の支所前の牛乳積込み施設の写真が見てみたい！」とリクエストされていたからです。

浜中の方は「軽便探訪」シリーズで曲がりなりにも駅と工場を発表できましたが，別海の上風蓮は積み込み施設は出ていませんでした。そこでネガを整理したところ，折り返しの短い時間に撮ったのであまり良い写真がないのですが，何とかコールドステーションが見えるカットがありましたので，リクエストにお応えしたいと思います。

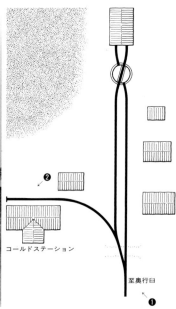

コールドステーション

至奥行日

↑別海町営軌道，上風蓮の駅舎前に停車中の気動車の右に見えるのがコールドステーション。3段に積まれた空のミルク缶がこの建物の存在意義を如実に示している。屋根上には3本の通気管が見える。（'69年8月撮影）

→上風蓮のコールドステーションの積込側（上写真の裏側）に停車中の牛乳タンク列車。風向によって回転する通気管が上写真とは逆向きになっている。（'69年8月撮影）

↑国鉄奥行臼駅前に停車中のミキスト。右に90°カーブしたところに牛乳積換設備や車庫がある。('69年8月)

〈別海町営軌道・風蓮線〉

↓奥行臼の乗降場に止まる釧路製作所製自走客車。写真の左奥が国鉄奥行臼駅。('68年7月)

❶ 国鉄・茶内駅付近にて。折しもＣ58牽引の貨物列車が出発していく。

⟨2⟩浜中町営軌道

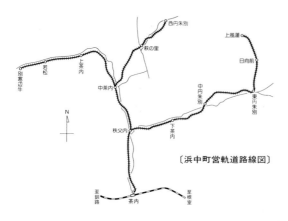

〔浜中町営軌道路線図〕

　浜中町営軌道は，西円朱別線（茶内―西円朱別）・若松線（中茶内―別寒辺牛）・東円朱別線（秩父内―上風蓮）の３路線・線路総延長34kmをほこり，動力車もディーゼル機関車と自走客車が各５輛在籍するという，有数の規模の簡易軌道である。

　軌道の出発点である茶内の線路配置は，右図のように国鉄茶内駅に隣接したヤード部分，ターンテーブルもある車庫部分，そして牛乳工場に伸びる引込線に三分され，動力車は牛乳輸送列車の入換に忙しい。

（撮影・'68年７月および'69年８月）

❷

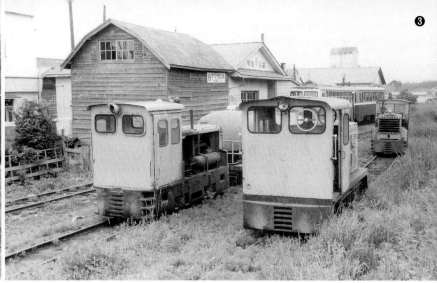

❸

↑国鉄駅近くの構内に並ぶ3輌のDL。左から協三工業製6t機，釧路製作所製8t機，加藤製作所製6t機。

↓牛乳工場で空の牛乳カプセルを積み込み終える（左）と，Mr.KATOに押されて国鉄駅方向に向かう。

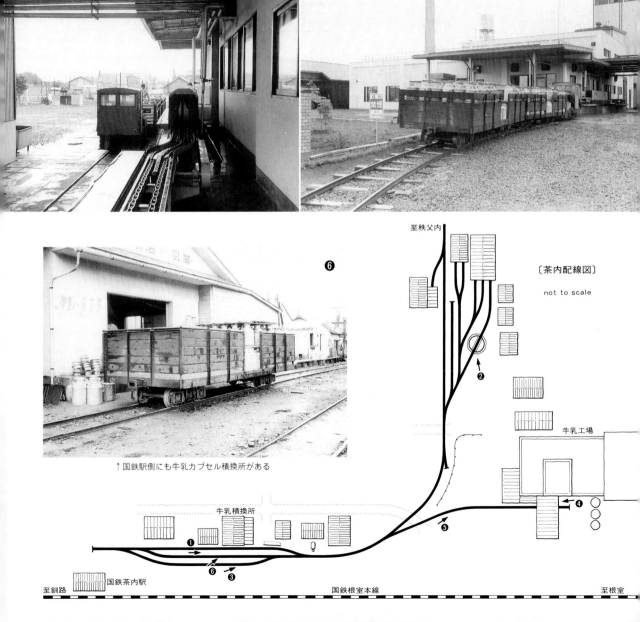

↑国鉄駅側にも牛乳カプセル積換所がある

〔茶内配線図〕

not to scale

至秩父内

至釧路　　国鉄茶内駅

牛乳積換所

牛乳工場

国鉄根室本線

至根室

❶

❷

↑茶内からの自走客車2輌が続行運転で到着

秩 父 内

西円朱別線と東円朱別線の分岐点。両線のほかに若松線の列車や牛乳輸送列車も通るので，簡易軌道の停留所としては列車本数が多い。

至西円朱別・別寒辺牛

至茶内

❷ →

❹ ↗

❶ ↗

❸ ↗

至上風蓮

↓牛乳カプセルを貨車に積込む

❸

❹

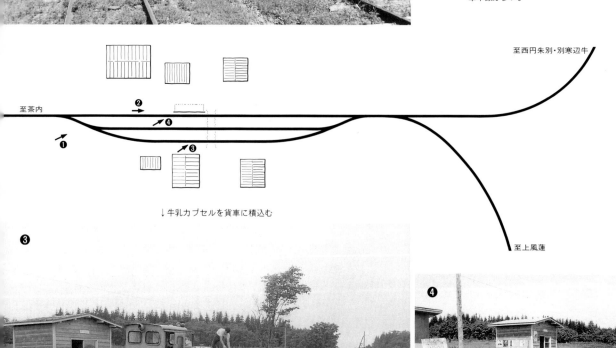

車輛たち

ディーゼル機関車は加藤製作所製6t機(右)が1輌，協三工業製6t機(下)と釧路製作所製8t機(右下)が各2輌ずつの5輌。一見同じような産業用タイプながら，主台枠や車体の形にメーカーの個性が出ている。

←ヤードに並ぶ自走客車2輌。泰和車輛製(手前)と釧路製作所製で，共に8t・定員60名である。

↙↓牛乳タンク車(下左)はタンク体に別海のような吊下げレバーはなく，台枠に固定されているようだ。牛乳カプセル輸送貨車(下)は側板の隙間のあけ方がいろいろある。

今日も50号を
先頭にしたミ
キストが行く。

⟨3⟩幌延町営軌道

〔幌延町営軌道路線図〕

二十線
（上問寒第二）

十六線
（上問寒第一）

上問寒第二
八線

四線
（中問寒第一）

宗谷
（問寒別第二）

間寒別

至稚内

至音威子府

幌延町営軌道は1930年に馬力により運行を開始するも、'40年には水害により運行不能となる。翌年、日本白金クローム鉱業により十六線から二十線を経て採鉱場までの区間を延長して、砂クロームの輸送を行なう。'42年に動力化。戦後、二十線以遠は撤去されたが、今度は北方産業幌延炭鉱が二十線―炭鉱間を新設し、石炭輸送を開始。ところが、'58年に炭鉱は閉山となり、炭鉱線は撤去された。以後、牛乳輸送を主体に運行され、'71年5月31日に運行を廃止、7月3日のサヨナラ列車の運転が最後となった。なお、停留所名は通称と停留所名表示板とで異なっていたので、左図のカッコ内で表示した。

↑有蓋貨車から空の牛乳カプセルをおろす

〔撮影：'69年7月〕

❷

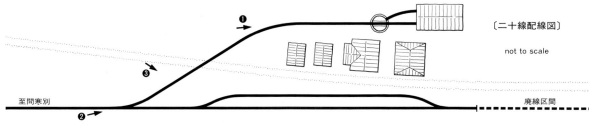

❶

❸

至間寒別

❷

〔二十線配線図〕

not to scale

廃線区間

❸

問 寒 別

問寒別構内はデルタ線や牛乳工場の引込線が設置されるなど，ナローゲージャーには楽しい線路配置である。本来は国鉄・問寒別駅前の引込線付近が乗客の乗降場なのだが，晩年には事務所前が乗降位置となっていた。

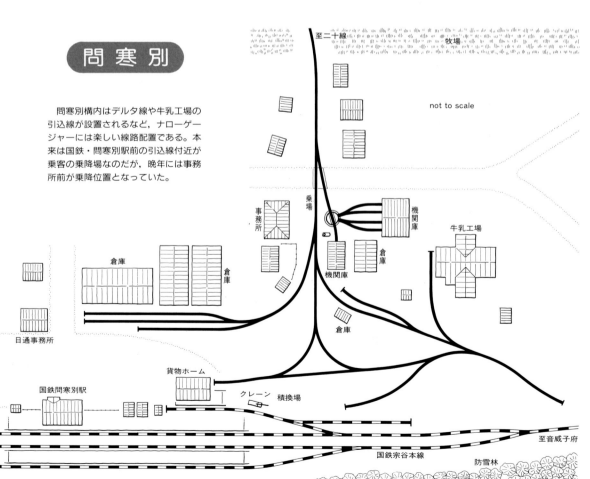

↑晩年の主力となった泰和車輌製5t機50号

↑事務所前で出発前のミキスト

←ラッセル装置を取外しフランジャーのみ使用の木造除雪車

→泰和車輌製7t103号

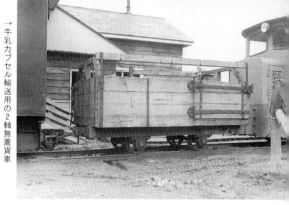

→牛乳カプセル輸送用の2軸無蓋貨車

←泰和車輌製6t積鋼製ボギー有蓋貨車をまじえた貨車編成が問寒別構内の雪印乳業問寒別工場の横に停車中。

❶

⟨4⟩ 標茶町営軌道
しべちゃ

標茶町営軌道は戦後生まれの新しい簡易軌道である。標茶町市街の北西約20kmの上御卒別に戦後に入殖した人々のために，1952年に軌道建設を始め，'55年には開運町―神社間の運行を開始。以後，部分延長を繰り返しながら，'63年に標茶駅―上御卒別間の上御卒別本線が全通，'66年には中御卒別―沼幌間・沼幌支線が開通している。しかし，営業不振の標茶駅―開運町間は早くも'67年に廃止され，残った沼幌支線も'70年に，上御卒別本線は'71年に廃線となった。

〔標茶町営軌道路線図〕

↑開運町の車庫で休む泰和車輌製7t機

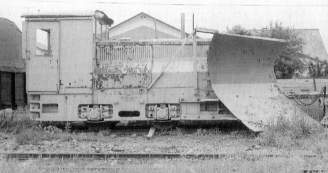

↑除雪専用となった酒井工作所製8t機

↓1965年8t泰和車輌製自走客車

↓釧路製作所9t自走客車　前面スタイルが同社独特のスタイル

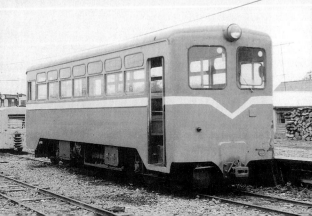

至旧標茶駅 ②→

至上御卒別・沼幌

〔開運町配線図〕

事務所

倉庫

機関庫

機関庫

↓旧標茶駅方向から開運町構内を見る

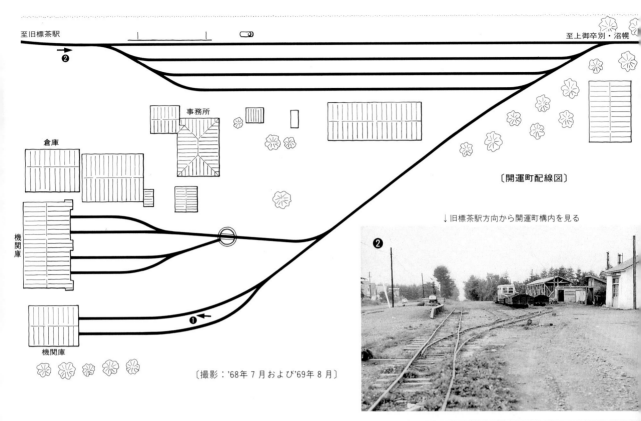

②

〔撮影：'68年7月および'69年8月〕

↑めずらしい北炭機械工業製6t機　この日は貨車編成を牽いて出動した

↓ボギー無蓋車2種　台枠の高さやアオリ戸に張られた板の枚数も異なる

↓運輸工業製ボギー客車

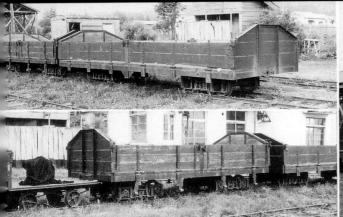

↑木材チップ積込場に貨車を押込む

⟨5⟩ 歌登町営軌道

　歌登町営軌道は歴史のある簡易軌道である。北海道第2期拓殖計画に基づき小頓別—上幌別六線間が1929年に，上幌別六線—枝幸間が翌1930年に開通し，歌登町営軌道の前身・殖民軌道枝幸線（全長 35.15km）がスタート。1932年7月からは軌道法による直轄運輸線として，ガソリン機関車による運行を開始している。志美宇丹支線は1933年に完成，戦後1947年には国鉄興浜北線の復旧などにより歌登—枝幸間を廃止。1953年からは本線の改良工事が進められ，自走客車を導入するなどの近代化が行なわれたが，1969年5月に支線が運休，本線も1970年11月に運休し，1971年5月29日に廃線式を行ない，40余年の歴史にピリオドを打った。

〔撮影：'68年7月および'69年7月〕

↓出庫点検中のモーターカー2台

〔歌登配線図〕 not to scale

車庫

機関庫

軌道事務所

至志美宇丹

至小頓別

木材チップ積込場

歌 登

車庫や木材チップ積込場もある
本線の終点。志美宇丹線はスイッ
チバックして分れている。左写真
の山小屋風建物が軌道事務所，機
関庫内部には３台が留置中（左下）。

↑小頓別構内に停車中の木材チップ貨車の空車編成

至音威子府   至稚内

木材チップ積換場

国鉄天北線

国鉄小頓別駅

not to scale

〔小頓別配線図〕

至

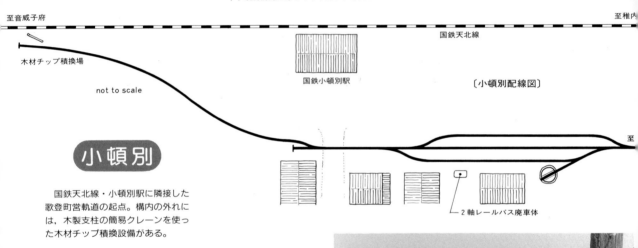

2軸レールバス廃車体

小頓別

国鉄天北線・小頓別駅に隣接した歌登町営軌道の起点。構内の外れには，木製支柱の簡易クレーンを使った木材チップ積換設備がある。

↓↘小頓別で発車待ちの泰和車輌製自走客車（右）と運輸工業製2軸レールバスの廃車体（右下）

↓国鉄のトラに木材チップを積換中。軌道の貨車からゴンドラを吊り上げ，トラ上で底部を開いてチップを下ろす。

車輌たち

歌登町営軌道も，他の簡易軌道と似たデザインの車輌たちが主役。晩年には，旅客は'64年と'65年の泰和車輛製自走客車が，貨物はＤＬ牽引の木材チップ貨車が主体であった。

↓、1964年泰和車輛製自走客車の下まわり。

元十勝鉄道のコホハ44

1965年泰和車輛製自走客車

ボギー式鋼製有蓋車
（1965年泰和車輛製）

３軸ロータリー除雪車
（1955年泰和車輛製）

鋼製運材車

木材チップ貨車

⑥ 越後交通 栃尾線

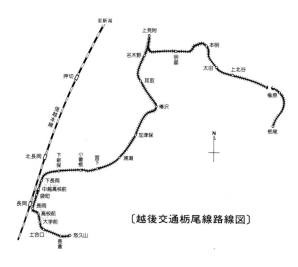

〔越後交通栃尾線路線図〕

越後交通栃尾線（旧栃尾電鉄）は，小さな機関車が１〜２輌のミキストを牽いてトコトコ走るといった，いわゆる"軽便ムード"とは無縁の近代的ナローゲージ鉄道である。すなわち，電化・ＣＴＣ化された線路上を総括制御の４輌編成が走る。そのカプラーはピン・リンク式ならぬ日立ウィリソン自動連結器，しかも一部の電車は垂直カルダン駆動方式を採用しているといった具合である。動力方式も開通当初の蒸気から，1922年５月からの旅客列車の気動車化，さらに1947年４月の電車運転へと変化したため，車体延長・台車振替・動力装置変更などの大改造をほどこされた車輌が多く，バラエティ一豊かな面々が揃っていた。

↑初秋の風景の中をモハ216の牽く列車が行く（'66年9月）

↓下長岡の側線に勢揃いした栃尾線の車輌たち（'70年5月）

ED51

1951年3月日立製作所製の15tボギー電機で，42kWモーターを4台装備。日立製の軽便ボギー電機は凸型が多いが，当機はデッキの長い箱型車体である。草軽から来た凸型電機50号のあとを受けて貨物輸送に活躍した。

図面縮尺：1／80

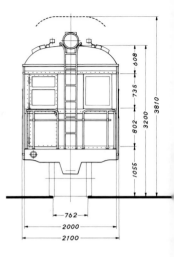

↑ED51のブレーキシリンダー側側面（上）と同前面（下右・2枚共下長岡にて，'70年5月）
↓上写真の反対側側面。台車間に小型フランジャーを装備。（下長岡，'75年3月）

モハ209

これぞ1952年10月に自社工場で造られた栃尾線の名物電車である。四角四面の車体，前後端にはスノープロウも載せられる大きなデッキ，前面には屋根昇降用のハシゴが付くなど，なかなか個性的なスタイル。動力装置はさらにユニークで，第1・第4軸こそ42kWモーターを吊掛式に搭載してあるものの，第2・第3軸は床下に吊下げられた2台の55.95kW モーターから直角カルダン方式で駆動する。

図面縮尺：1／80

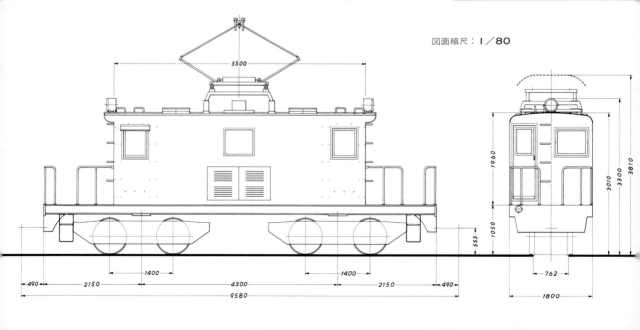

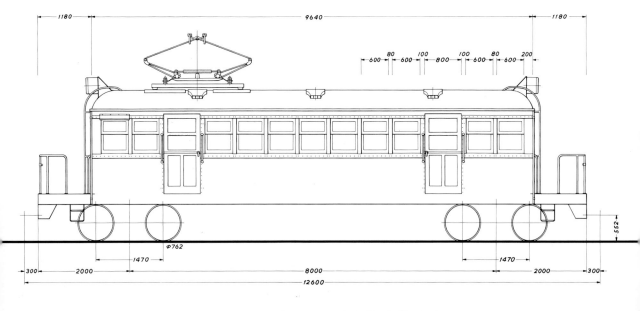

マルーン一色時代のモハ209。
前面中央には屋根昇降用ハシ
ゴを装備。(栃尾，'66年9月)

↓広いデッキがよくわかる（栃尾，'66年9月）

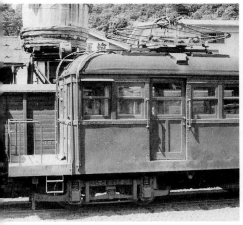

クハ112

　1959年3月に自社工場で
モハ210として誕生。アル
ミ外板の車体はお世辞にも
スマートとはいえないが，
一部の座席がクロスシート
だったという。1970年に電
装解除して，両運転台のま
まクハ112となる。車体全
長13000㎜，同全幅2100㎜，
レール上面－屋根上間2910
㎜，側面窓幅650㎜，同高さ
740㎜，客用ドアー幅770㎜，
乗務員ドアー幅500㎜。

←上見附にて，'71年8月

モハ207

元草軽のモハ104（1942年・日本鉄道自動車製）で、'50年４月に転入。客車代用を経て、'51年５月に電装してモハ207となる。さらに、'59年６月に東洋工機で車体延長・張上屋根化を行なうと同時に、モーターの出力を強化したため、昔の面影は見られない。車体全長13000mm，同全幅2100mm，側面窓幅650mm，同高さ730mm，ドアー幅780mm。

↓下長岡駅を発車する西武鉄道色時代のモハ207（'75年３月）

下長岡駅に停車中のモハ207の牽く悠久山行列車。手前の複線の線路は国鉄・信越本線。（'70年５月）→

↑都電の台車を改造したといわれるモハ212の台車

↓モハ215の台車はモハ213と同形ながらオイルダンパーはなし

モハ212

このグループのトップを切り，栃尾線初の車輌メーカー製電車として1958年に誕生。55.95 Kwモーターを２台装備。全周をまわる雨樋は後付けで，原形は張上げ屋根。

モハ217

電動車としてはこのグループの最終増備車で，右側車端に乗務員ドアーが見える。前面部の裾が一段下がっており，42Kwモーターを４台装備している点がモハ212〜215と異なる。

モハ215

1964年2月製で、台車を除いて基本的にはモハ212と同一。この系列の客用ドアー窓は写真の形が原形。車体全長13000mm、同全幅2130mm、レール上面―屋根上間3095mm、側面窓幅700mm、同高さ800mm、ドアー幅1000mm。

クハ103

クハ104は1967年5月にクハ101として入線したあとに改番、クハ102・103は同年10月製。台車は元小坂鉄道のホハ31～35に付いていた古いイコライザー式を流用している。

モハ212～217＆クハ102～104

1958～1967年に東洋工機で製造された、栃尾線の近代型電車の決定版。細部に違いはあるが、形態的にはほぼ同一のデザインである。すなわち、モハ212～215は両運転台・乗務員ドアーなし、モハ216・217は両運転台・運転台右側に乗務員ドアー付、クハ102～104は片運転台・運転台右側に乗務員ドアー付。

モハ211がニフ17と元ガソリンカーのホハ22・ホハ24を牽いて走り去る　（'71年8月）

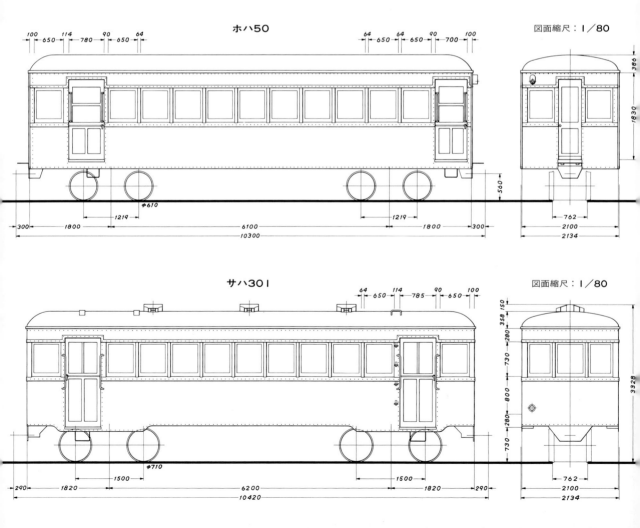

ホハ50

図面縮尺：1／80

サハ301

図面縮尺：1／80

客車

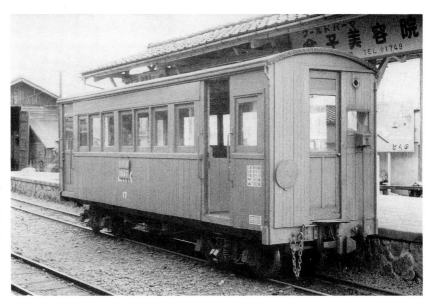

ホハ17

　元草軽電鉄のホハ17
形で，1949年に転入。
定員42名，最大長8516
㎜の小型木造ボギー車
のため，晩年は主に増
結用だったようだ。

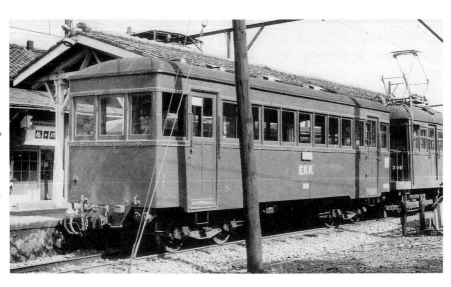

ホハ50

　1932年日本車輌製の
半鋼製ボギー客車。元
草軽のホハ23を1960年
に購入してホハ26とし
たが，のちサハ305に，
さらにホハ50へと形式
変更を繰り返した。草
軽時代からの片側クロ
スシートの座席配置は，
1960年にオールロング
シートに改造された。

サハ301

　上の2輌と同様に草
軽電鉄からの転属車輌。
草軽時代の形式はモハ
103（1942年日本鉄道自
動車製）で，1950年に
移籍。'56年にモーター
出力を強化したものの，
'66年に電装解除されて
サハ301となった。右写
真と前頁の図は貫通扉
が未設置の時代。

ホハ2

2・3等合造車として1914年に日本車輌で誕生。デッキに外妻板付のごく普通の木造客車であったが、1964年に中仕切を撤去し、デッキ部に外吊戸と貫通扉を追加してイメージが変った。

ホハ20

1950年に作られた自社工場製客車。あまりスマートとはいいがたいカマボコ型の車体が特徴。同形のホハ21はクハ30に改造され、さらにモハ211へと大変身している。

ホハ10

模型の切継加工を地でゆく改造車で、2軸客車ハ10・11を継いで生まれたボギー客車。ホハ20に似たカマボコ型の車体に、外吊戸の組合せ。

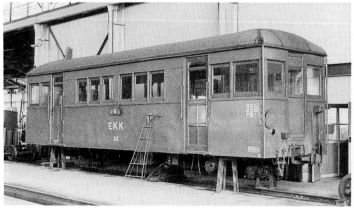

ホハ22・ホハ25

片ボギー式ガソリンカー・キハ106とキハ107（1930年松井車輌製）がその元形式で、複雑怪奇な改造過程を経て客車となった、すなわち、'48年にエンジンの代わりに床下にモーターを吊下げて電車化（モハ201・202）され、'53年に荷台部分を車体に改造、さらに翌年には両ボギーに再改造されたものの、パワー不足からか'57年にモハ201がホハ22に、'60年にはモハ202がホハ25となった。2輌共、前後で台車と車輪直径が異なっており、その前身を偲ばせる。

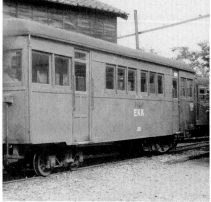

ニフ21

ト25〜27（1944年新潟鉄工所製）を，1953年に自社工場で改造した5t積有蓋車のうちの1輌，木造車で車掌室は片側エンドのみ，荷物室側面にも窓がある。

ニフ22　ニフ21と同様に，ト24（1944年新潟鉄工所製）を1958年に自社工場で改造した5t積有蓋車。荷物室側面に窓なし。

ニフ18

上の2輌と同じで，ト28・29を1952年に自社工場で改造したうちの1輌。ご覧のような半鋼製車で，前後に車掌室がある。

ワ16　1929年・自社工場製

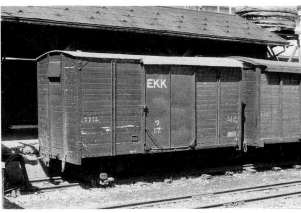

ワ17　1929年・自社工場製

貨　車

ト71　1927年・自社工場製

ト23　1944年・新潟鉄工所製

「木炭倉庫」前の酒井工作所製機。ラジエーター前に付く管理番号は「33-031」の一部を消して「33-113」と書き直してある。

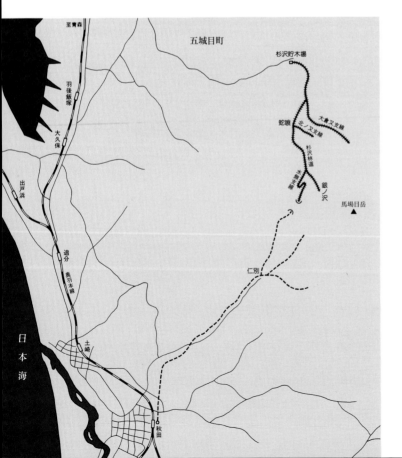

秋田は木曽や青森などと共に木材資源が豊かで，古くから運材用軌道が発達していた地域。数多い秋田営林局管内の軌道のなかで，五城目営林署・杉沢林道は，馬場目岳を中心とする秋田杉を搬出するために敷設された，本線が約11.5kmの比較的小規模の軌道である。

杉沢林道の前身は，秋田を起点とする仁別森林鉄道が奥馬場目付近をトンネルで抜けて水無まで軌道を伸ばし，1934年に秋田へ木材を搬出しだしたのに始まる。杉沢貯木場を起点とする軌道は，1942年の杉沢貯木場—北ノ又間5.026kmと北ノ又支線1.841kmが開通したのがその第１歩で，この年をもって秋田への運材は中止されている。その後，'43・'45年の大倉又支線の新設・延長や，'50年の杉沢林道の延長を経て，銀ノ沢までの本線11.446kmが全通している。

杉沢林道は開通以来手押運材方式で，'53年に機関車による空車引き上げを開始，'55年にようやくガソリン機関車による運材方式となった。森林鉄道としては比較的おそい'57年まで支線を新設（水無支線）しているが，'62年から順次支線を撤去，1971年９月７日にその歴史を閉じている。

機関車は1970年10月31日の時点で，５ｔクラスが４輌確認されている。協三工業製が１輌（管理番号33-128），酒井工作所製が３輌（同33-113・116・不明１輌）で，116号は休車。

（撮影は1970年10月31日〜11月１日）
（1971年８月２日および同９月７日）

杉沢林道

杉沢貯木場を中心に

事務所全景（撮影・大久保 清，'69年8月）と杉沢貯木場を出発前の空車引き上げ列車

〔全盛期の杉沢貯木場〕

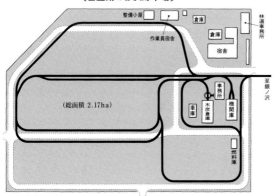

↑木炭倉庫前の小型ターンテーブル
（撮影・大久保 清，'69年8月）

雰囲気のよい木造機関庫には機関車が4輌収まる。右側の建物は事務所。

↑杉沢貯木場内での木材降ろし作業。バックの山の木もかなり伐採されている。

上は酒井工作所製機(管理番号不明・左)と協三工業製機(管理番号33-128)。下は休車(廃車?)の2輛。(下左のみ大久保 清撮影)

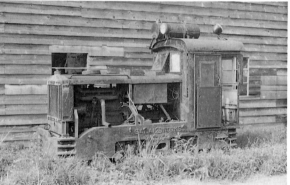

↓酒井工作所製のモーターカーと簡素な板囲い・テント屋根の客車

↓2台の運材車を直接連結しての積載例
(撮影・大久保 清，'69年8月)

↑杉沢貯木場を出発して山に向かう

←↓併用軌道となっている橋梁上で大倉又
　支線が左に分かれ（下），勾配を登って
　いく。（撮影：大久保 清，'69年8月）

↑「大倉又支線」の線名表示ポスト
（撮影：大久保 清，'69年8月）

↓蛇喰橋を渡る運材列車

←4.5km地点。生い茂る
草で線路も埋れそう。

↓→6km地点の先にある列車交換所。側線の
中ほどには小型のターンテーブルがある。

→
上とは別の
列車交換所

←↓
'71年8月の訪問
時には8km付近
の本線上で木材
を積込んでいた。

↑空車の運材車を猛然と引き上げる協三工業製機

〈秋田営林局五城目営林署杉沢林道〉

←↓終点・銀ノ沢にて。引き上げてきた空の運材車を勾配のついた構内の上側に置いた機関車は，機回し線を通って木材を満載した運材車の先頭にたつ。

「客土」とは土壌の性質を改良するために養分に富む土を搬入することで，北海道の道営事業として行なわれたなかには，1970年代まで小さなDLとトロッコたちの活躍する姿が見られた。

軌間は762mmが基本で，一部に610mmも使用。機関車は農地開発機械公団からの借入機が多く，6〜8t機を主に，各メーカー製が入りまじっていた。

土を採取する土取場と土を撒く施行地は，土を平均して採取，撒布するために，軌匡状の線路を順次移動させて作業を行なう。その間をつなぐ軌道は全長5〜6kmのものもあり，また一定期間続けて使用するため，国鉄線をアンダークロスしたり，川を橋で渡るなどの「名シーン」も見られた。

今回は札幌近郊の4個所の軌道をご紹介するが，同一地区に隣接して別の軌道がある場合には，工事の請負業者名を記して区別した。

⑧ 北海道の客土軌道

土取場にて，パワーショベルで土を積込む．

江別市美原地区（盛永組）

撮影：'72年8月

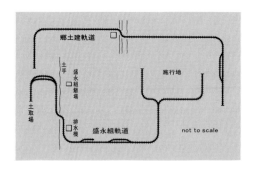

土の積込みはここでもパワーショベルを使用

列車交換所にて

江別市美原地区（郷土建）　軌間610mm. 撮影：'72年8月

トロッコを牽いて木橋を渡る

トロッコの木枠を外して土をおろす

長いナベトロ
の編成を牽い
てMr. KATOが
大平原を行く。

↓牽いてきたナ
ベトロを慎重
に施行地に押
し入れ，土を
おろしていく。

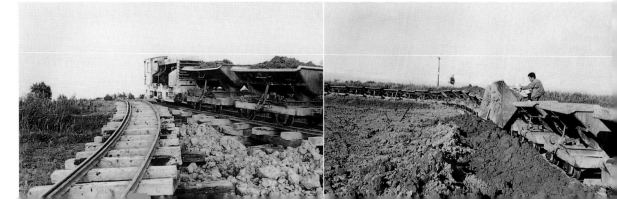

空車回送列車が当別町八幡地区の「本線」を行く

江別市江別太地区　　撮影：'72年8月

当別町八幡地区

撮影：'72年8月

土おろし作業は機械も併用している

当別町川下右岸地区の土おろし作業（施行地にて）

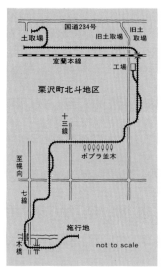

栗沢町北斗地区　撮影：'72年8月

土の積込みはパワーショベルで行なう（土取場にて）

国鉄線をアンダークロスする客土軌道。ただいま保線作業中。

踏切には一人前に（？）遮断機がある

当別町川下右岸地区

撮影：'72年8月

←大型のパワーショベルを使った
土の積込み作業。（土取場にて）

トロッコの木枠を取外す

施行地にトロッコを押し込むMr. KATO

奈井江町高島地区

撮影：'71年6月

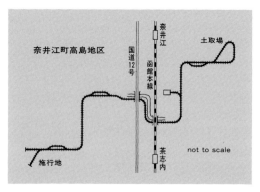

奈井江町高島地区

国道12号　函館本線　奈井江　土取場　茶志内　施行地　not to scale

道営客土　奈井江町高島地区
三瓶建設株 442 343

「道営客土」と大書きされた看板の前を空車回送列車が行く。バックには国鉄線（架線柱が見える）が走り、機関車の陰の部分には右写真の鉄橋がある。

軌道は大きく左にカーブし、ＥＤ76-500の走る国鉄線の下をくぐり抜ける。

当別町八幡地区．施行地にて．（'72年8月）

〈北海道の客土軌道〉

奈井江町高島地区．トロッコを牽いて川を渡る．（'71年6月）

江別市美原地区．郷土建軌道（610mm）．（'72年8月）

当別町川下右岸地区．土取場にて．（'72年8月）

DC121 牽引の列車が
大杉谷口駅を発車する
（'68年5月4日）

〈尾小屋鉄道〉

尾小屋付近を走るDC121の牽く列車。DC121
は3枚の前面窓のうち、2枚がHゴム支持の一
体窓に改造されている。　（'70年11月3日）

左手には特別運転用の列車が待期中，右手奥には5号機の煙が立ちのぼる（'70年11月3日）

特別運転で尾小屋駅構内に休む地方鉄道で最後の軽便蒸機5号機（'70年11月3日）

←秋の日差しを受けて，鉄道線・花巻グランドー瀬川間の鉄橋を渡るデハ55。（'68年9月23日）

〈花巻電鉄〉

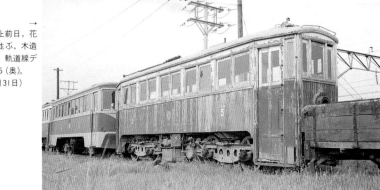

→軌道線の廃止前日，花巻駅構内に並ぶ，木造「馬面電車」軌道線デハ5とサハ5（奥）。（'69年8月31日）

↓鉄道線・瀬川駅に到着寸前の花巻温泉行デハ55。デハ55は1950年日車製の好ましいスタイルの鋼製車で，鉄道線の主力。（'68年9月23日）

↑軌道線・高倉山温泉を出発する西鉛温泉行電車。先頭のモハ28は，1963年日車製の花巻電鉄の「最新型」電車。（'68年 9 月23日）

→軌道線デハ21が西公園付近の木橋をくぐる。デハ21はデハ22と共に，鉄道線の木造ボギー車デハ1・2の台車などを利用して作られた，小型鋼製ボギー車。（'68年 9 月23日）

↓鉛温泉駅を出発して花巻に向かう，鉄道線デハ4＋サハ202。左奥の白い建物が鉛温泉の駅舎。（'68年 9 月23日）

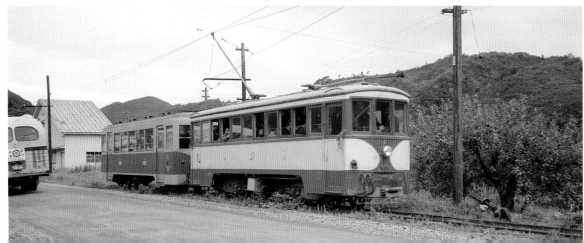

↑秋の日差しを受けて
山根一板の元間を往
く。('69年10月30日)

←星越で一休みするＥＤ
102。日立製の20ｔ機で，
各地に同形機がいた。
（'68年10月30日）

↓国鉄・予讃線の築堤
から撮った星越行列
車。('69年10月30日)

〈住友金属鉱山別子鉱業所専用鉄道〉

↑ED101が牽く空車回送列車。（山根一板の元，'69年10月30日）

↓10t積ダンプカー「オタ」と客車のミキストを牽いて、山根一板の元間の勾配を登る。（'67年10月21日）

↑闇場—大井村間を走る下り17列車。ディーゼルカー＋客車（ホジ1＋ホハ2）の編成は井笠鉄道の標準的なもの。（'69年10月29日）

〈井 笠 鉄 道〉

↓下り13列車が吉田村付近を快走する。車内は結構混んでいる。（'67年10月22日）

↑秋のやわらかい日差しを受けた闇場車庫風景（'69年10月29日）

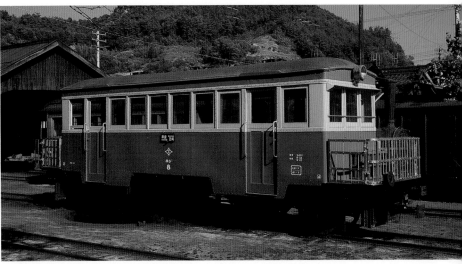

→塗装も美しいホジ
　8。前後端の荷台
　手スリのシルバー
　がよいアクセント。
　（'67年10月22日）

↓闇場駅に下り列車
　が到着し、交換の
　上り列車を待つ。
　（'68年10月27日）

←↑澄みわたった秋空の下，中小屋一桑谷間のスイッチバックを行く酒井工作所製ＤＬ牽引の貨物列車（前頁及び上写真，'69年11月）

↓水谷の構内風景。車庫左側のＤＬは加藤製作所製。（'70年11月）

〈立山砂防軌道〉

↑荒涼とした有峰構内（'70年11月）

↓水害により分断された本線上にて（桑谷付近，'69年11月）

↑クハ23を改造し
たワンマンカー
・モハ1001が，
下津井一東下津
井間を行く。
（'72年10月）

←鷲羽山一琴海間
を走る元ガソリ
ンカーコンビの
クハ6＋モハ52。
（'69年10月）

↓モハ55の牽く
ミキスト列車。
（林一藤戸．
'67年10月）

↑海の見える鷲羽山―琴海間を快走するクハ24＋モハ103。（'69年10月）

〈下津井電鉄〉

↓クハ24＋モハ103の２連が稲穂の海を行く（林駅付近，'69年10月）

↑うららかな春の陽を浴びて北四ツ屋付近を行く上り24列車。ＤＢ81＋ト？＋ワ1＋ワ10＋ワ9＋ホハ4。（1968年4月21日）

〈頸 城 鉄 道〉

↓百間町のヤードにたたずむ車輌たち（1971年3月6日）

↓構内除雪中のロキ1＋ＤＣ92（百間町．1970年2月8日）

↑雪晴れの百間町構内で入換中のＤＢ81（1971年3月6日）

↓頸城鉄道名物，長大編成のミキスト。下り25列車。（飯室—下保倉，1968年4月21日）

沿線と機関車

最後の非電化軽便——それが尾小屋鉄道である。歴史を遡れば，尾小屋付近で産出される銅鉱石輸送を目的として，1919年11月に新小松—尾小屋間16.8kmが開通。当初の経営主体は横山鉱山部で，のちに日本鉱業，さらに名鉄系列へと変った。しかし，鉱山の衰退と共に貨物輸送は激減し，動力車も蒸機からDL・DCへと移っている。「最後の非電化軽便」尾小屋鉄道の魅力は，鉱山鉄道ムードの沿線風景と，除雪用ながらも唯一生き残った軽便蒸機・5号機の存在であろう。
（撮影：1967年3月〜1972年10月）

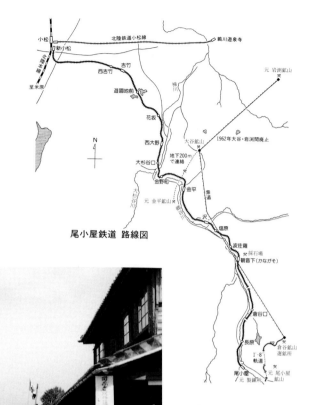

尾小屋鉄道 路線図

←←(前頁)郷谷川にかかる木橋上を列車が通過する（長原にて）

↓新小松駅構内風景2葉。左写真右端の建物は駅本屋兼本社，ホーム延長部が階段状になっている。下写真の左端の線路が本線で，キハ2が入換中。

DC121・122

2輌共，協三工業製の12t・C型ロッド式ディーゼル機関車。DC121は1952年，DC122は1958年製で，足まわりの一部は大日本軌道製の蒸機の部品を利用しているといわれる。DC121のキャブ前面窓は3枚だったが，のちに運転席部分の2枚を合わせてHゴム支持の大きな窓に改造されている。動輪直径は共に680mm，軸距は121が1900mm，122が2000mm。

→
DC121の
足まわり。

↓前面窓改造以
前のDC121。

5号機

地方鉄道で最後の軽便蒸機となった5号機は，銘板によると1947年11月（竣工図によると1949年3月1日），立山重工製の14.5t・Cタンク機。国鉄のB20にも一脈通ずる，産業用機関車風のデザインである。本来の任務を内燃機に譲ったあとも除雪用に残され，エンドビームにスノープロウの取付装置が付けられていた。軸距1850mm，動輪直径760mm。

→特別運転でミキストを牽く5号機。
（'70年11月3日）

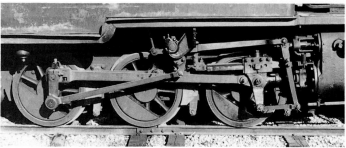 

↑DC121（左）とDC122のメーカー写真の複写。大きな変化はないが，塗装やマークが異なる。（写真協力：岡本憲之）

←新小松構内のDC122。奥のホハフ3は車体半鋼製化後。

気動車・客車・貨車

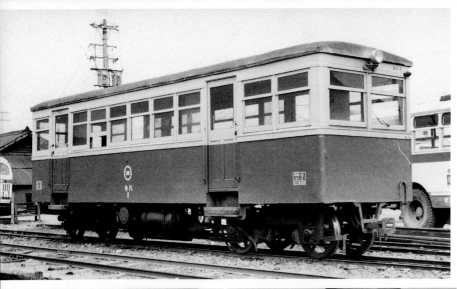

キハ1

1937年・日本車輌製のディーゼルカーで，各地に同形車が見られる。当初はガソリンカーとして誕生，戦後は代燃装置付時代を経て，1952年にディーゼル化された。車体外部寸法は長さ8800×幅2000mm，軸距は動力台車が1650（1000＋650）mm，付随台車が1300mm，車輪直径は710mm。

キハ3

元遠州鉄道・奥山線のキハ1803で，同線廃止後，1966年1月付で譲受。製造は1954年・汽車会社。遠鉄時代のナンバーのうち，「180」を塗りつぶし，「3」だけ白く塗っていかしている。車体外部寸法は長さ9903.2×幅2003.2mm，台車軸距1600mm，車輪直径710mm。

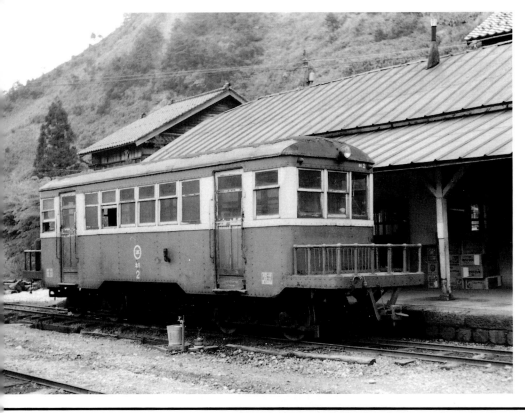

キハ2

キハ1の増備として，1938年に日立製作所で製造されたディーゼルカー。車体前後にデッキを付けたガッチリした造りだが，やや鈍重な印象。キハ1と異なり，当初からディーゼルエンジン付。車体外部寸法は長さ10100（デッキふくむ）×幅2000mm，台車軸距1600mm，車輪直径760mm。

客車

ホハフ1

元三重交通のサ331で，製造は1912年・日本車輌。デッキには妻板はあるものの，側面扉のないベスチビュールドタイプ。車体外部寸法は長さ8383×幅1886mm，台車軸距920mm，車輪直径510mm。

ホハフ3

1921年・梅鉢工場製で，ホハフ1と同様に，1955年・三重交通からの譲受車。三重交通時代はサ321，中勢鉄道の開業当時の客車だという。車体外部寸法は長さ8150×幅1980mm，台車軸距1030mm，車輪直径610mm。

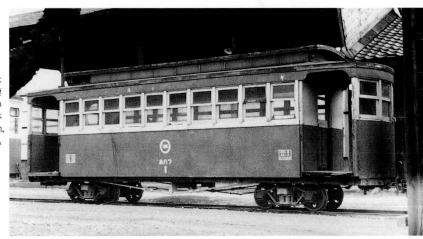

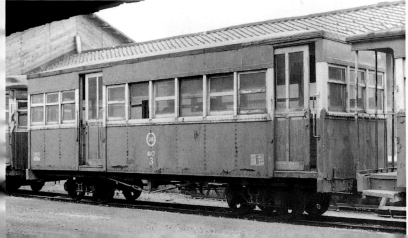

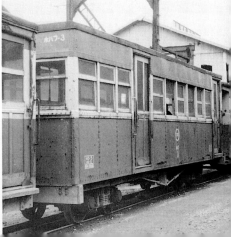

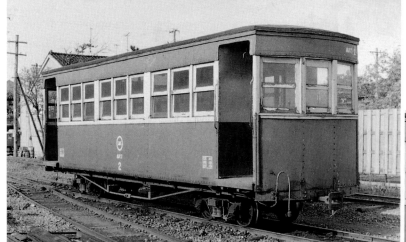

ホハフ2

浅いシングルルーフを持つ，軽快なデザインの2軸ボギー車。1913年・名古屋電車製作所製で，'56年に三重交通から譲受。車体外部寸法は長さ8382×幅1880mm，台車軸距910mm，車輪直径510mm。

↑ホハフ2の台枠部分

ホハフ5

ホハフ3と同じ経歴を持つ同形車。相異点は妻面の形状で，ホハフ3が平面，ホハフ5が曲面。ホハフ3に比べて車体長が150mm長い。

ホハフ6

窓の大きな近代的なスタイルだが，製造は意外に古い1912年・名古屋電車製作所である。やはり三重交通からの譲受車（旧サ352）で，側面ドア一付。車体外寸は長さ8382×幅1956mm，台車軸距920mm，車輪直径470mm。

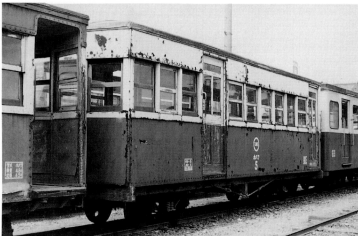

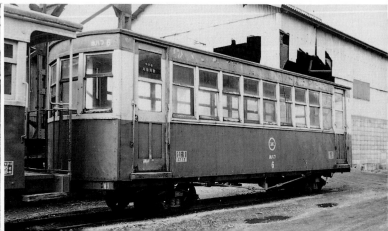

ホハフ7・8

元三重交通の同形車(旧サニ403・401)で，1962年に譲受。ダブルルーフ・荷物室付の重厚な木造車だが，のちにHゴム多用の半鋼製車体に振り換えられた。車体外部寸法は長さ8368×幅1898mm，台車軸距966mm。

↓ホハフ7の台枠部分（撮影：大久保 清）

ハフ1・2

尾小屋鉄道，創業以来の木造2軸客車。製造は1917年・名古屋電車製作所。当初はハフ1～3の3兄弟だったが，車軸き損のハフ3は1967年に廃車された。

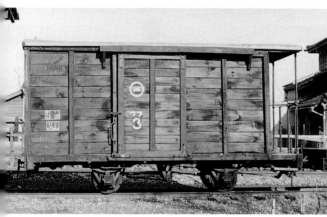

ワフ2・3 　開業以来の有蓋緩急車ワフ1～5の残存車。自重2.5t・荷重3.5t，1918年・名古屋電車製作所製造。

ト1 　ワフ2・3と同様に，開業時に用意された2軸無蓋車ツ（のちにトに変更）1～9のうちの1輌。1918年・名古屋電車製作所製造。

貨 車

タボ1200 　全鋼製の2軸ボギー長物車。車箱はなく保線機械扱いで，他車と異なりフック・リンク式のカプラー。

↑これぞ「馬面電車」！（撮影：大久保 清）

花巻電鉄 路線図

　「馬面電車」で有名な花巻電鉄は，軽便では
めずらしいトロリー路線。西鉛温泉までの軌道
線と，花巻温泉までの鉄道線からなる。軌道線
の線路を道路上に敷設したため，戦前の電車の
車体幅が1600mmとなり，さらに前後を絞ってい
るため，前面は正に「馬面」である。戦後の車輌
は幅が広くなり，鉄道線の車輌も入線していた。

↑花巻駅ホームに停車
　中の花巻温泉行（左）
　と西鉛温泉行電車。
　右奥には国鉄・東北
　線のホームも見える。
　（'69年8月31日）

←花巻の車庫で休む車輌
　たち。軌道線の廃止当
　日のため，中央奥の車
　庫内に，飾りを付けら
　れた「馬面電車」がいる。
　（'69年9月1日）

↑「馬面電車」の運転台（'69年8月31日）

←軌道線　デハ5

創業時の木造単車に続いて作られた木造2軸ボギーの「馬面電車」。すでに片側のポールは撤去されている。（撮影：大久保 清）

←軌道線デハ5の台車と床下機器。車輪直径は864mmと大きい。（'69年8月24日）

鉄道線　デハ3→

火災で焼失した木造ボギー車の台車を利用して誕生した鋼製ボギー車。鉄道線用のため幅も広く「馬面」ではない。（撮影：大久保 清）

↓鉄道線デハ3の台車。大きなモーターが見える。（'69年9月1日）

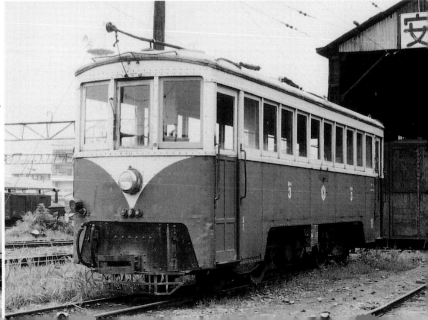

↑貨車を牽いて大沢温泉駅に停車中の軌道線の下り電車（'68年9月22日）

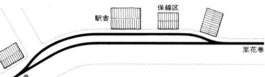

駅舎　保線区

至花巻

至西鉛温泉

大沢温泉

→
中央の建物が大沢温泉駅の駅舎。手前には保線用のトロッコが見える。

↓併用軌道上に設けられた大沢温泉駅の行違い線路。下写真のようにポイント転換器が道路上にあり，自動車が当たらないか心配になる。

←松原のホームに近づく軌道線の上り電車。道路は未舗装で，線路との区切りもない。
（'68年9月22日）

↑鉛温泉駅のはずれに停車中のモハ28。
鉛温泉駅のホームは駅舎（右の白い
建物）の向う側だけで手前にはない。
（'69年8月24日）

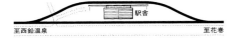

至西鉛温泉　　　　　　　　　　駅舎　　　　　　　　　　至花巻

軌道線の終点・西鉛温泉は行　→
止まりの線路が1本あるだけ。
（'68年9月22日）

サハ105	デハ22
（'69年8月24日）	（'69年8月24日）
サハ202	サハ5
（'68年9月22日）	（'69年8月24日）

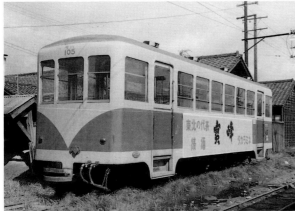

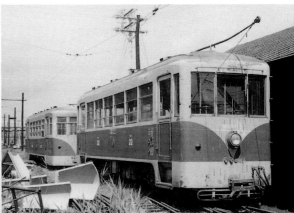

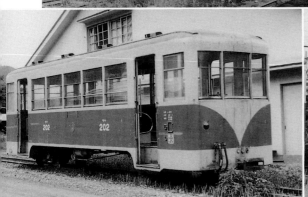

鉄道線　デハ4

デハ3と同様に，火災で焼失した木造ボギー
車の台車を使って作られた鋼製車。形態もデ
ハ3と同形だが，塗装が独特である。台車は
花巻電鉄の電車に共通した板台枠タイプ。

（'69年8月24日）

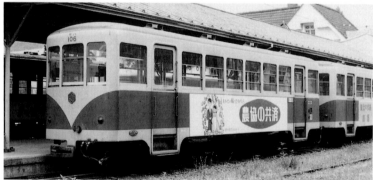

サハ106	
（撮影：大久保 清）	
花巻駅構内の廃車体	キハ801
（'69年8月31日）	元・遠州鉄道奥山線キ
	ハ1804，'69年8月31日

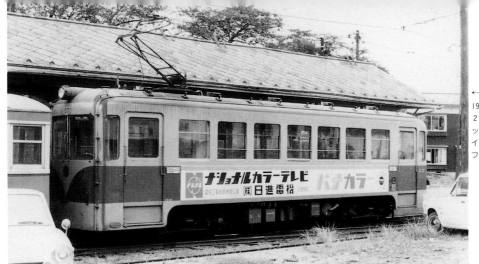

←鉄道線　デハ57
1958年日本車輛製，前面
2枚窓・ノーシルノーヘ
ッダーのスマートなデザ
インの電車。台車はバー
フレームタイプ。
　　　（撮影：大久保 清）

↑EB61　1925年日本車輛製。自重6.5tの小型電機。キャブ妻面の小判型の窓が特徴。

↓EB62　1921年日本車輛製。上のEB61よりさらに小さい5t機。戦後の転入機で，元・下野電気鉄道の車輛ともいわれている。

↓軌道線所属ワ1　車掌室・ハンドブレーキ付で，実質的にはワフ。　　　↓鉄道線所属ワ1　外板が一部鋼板張りに改造されている

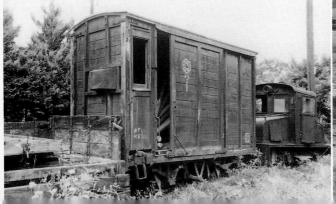

↑端出場の全景。斜面に多くの建物が建ち
ならび，怪しい雰囲気。('67年10月21日)

日本有数の銅山として有名な別子銅山と，海岸地帯の工場を結ぶ専用鉄道の下部線として，惣開—端出場間10.4km（軌間762mm）が1893年に開通した。これとは別に，石ケ山丈—角石原間の上部線（軌間762mm・下部線と同年に開通）は，急曲線・急勾配の連続で，1911年には廃止されている。1929〜1952年の間は地方鉄道となり旅客輸送も行なったが，1955年には再び専用鉄道にもどっている。

長い間続けられた蒸機による運転は，星越—端出場間が1950年に，星越—惣開間が1953年に電化され，4輛の凸電が活躍。非電化区間は，日本輸送機製15tディーゼル機関車に交代している。

1973年には，別子銅山が閉山されて砕石輸送を行なっていたが，1976年に全廃されている。

住友金属鉱山別子鉱業所
専用鉄道路線図

not to scale

↓端出場で砕石を積込中のED102（'74年10月9日）

鉱石を積んだダンプカーを牽いて，星越に到着寸前のＥＤ103（上）。このあと，上写真の向かって左側の側線に入り，下写真のカーダンパーを通り抜けながら，牽いているダンプカーの鉱石を荷降ししていく。（'68年10月23日）

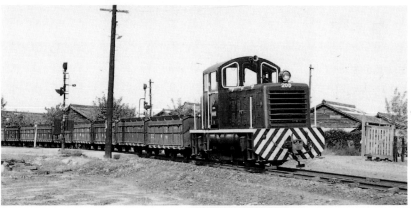

←星越構内で入換中の
ＤＣ203。日本輸送機
製の15ｔディーゼル
機関車でトルコン付。
（'68年10月26日）

地方鉄道時代の「駅」の　→
雰囲気が残っていた山
根に停車中の客車列車。
（'68年10月26日）

↑ゆったりした星越構内で発車待ちのＥＤ103。右奥
には鋼製無蓋貨車「オト」が並ぶ。（'69年10月30日）

〈星越構内〉

　　　　　　　　　　　　　　　　　→
「オタ」が並ぶ星越構内の一画。
線路のバラストはほとんど見
られず，枕木も土に埋もれて
いる。（'73年３月12日）

↓閑散とした星越の車庫風景。架線は左側
　の２線にだけ張られている。中央奥に見
　えるのはＤＣ205。（'73年３月12日）

ED101～103は1950年日立製の凸型20t機。発電ブレーキ付で，総括制御可能。運転台は入換用DLのような横向き1基。ED104 は，電気部品のみを日立から購入し，自社工場で1954年に製造。総括制御はできない。

ED101形 竣功図 （1／150）

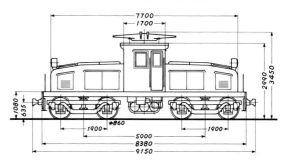

DC201形は，1956年日本輸送機製の
15 t C形ディーゼル機関車。DC201〜
205の5輛が製造され，エンジンはDM
H17C，TC2トルコン付で，ジャッ
ク軸付のロッド駆動方式である。

DC205 竣功図　　（1／150）

3100

635

4.4t　5.3t　5.3t　φ860

487 | 1750 | 950 | 950 | 1750 | 487

6374

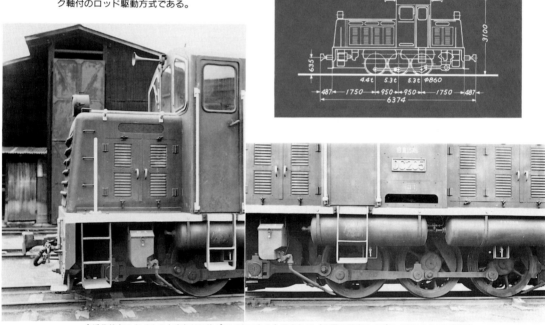

↑近代的なスタイルの上まわりに比べてメカニカルな下まわり（本頁の写真はすべて '73年3月12日撮影）

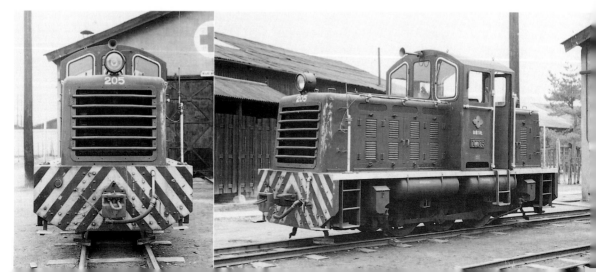

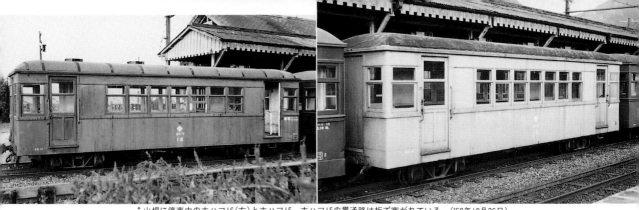
↑山根に停車中のホハフ16(左)とホハフ15。ホハフ15の貫通路は板で塞がれている。('68年10月26日)

ホハフ7形（ホハフ12・14・15・16）は日本車輌製の2軸ボギー客車。竣功図によれば，写真では塞がれている戸袋窓も，他の側面窓と同様に設けられていた。車体寸法（長さ×幅）は9352×1990mm，台車軸距は1220mm，車輪直径は508mm。

→↓星越構内に留置中のホハニ12。「ニ」の文字の所だけ塗りつぶされた上に，「ニ」と書かれていた。車内には「自転車専用車」の表示が見られる。('73年3月12日)

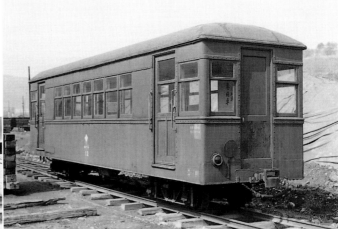

↑オヤ7形(オヤ71A)10t積鋼製鉱石車('73年3月12日)

←→↓オタ21形10t積ダンプカー（'73年3月12日)

↓オト21形(オト42)7t積鋼製無蓋車（'73年10月23日)

↑鉄道廃止後，鬮場の車庫に集結した車輌たち（'72年3月18日）

井笠鉄道 路線図

not to scale

（くじ）（ば）
鬮場

井笠鉄道は頸城と共に，最後まで「軽便鉄道」の雰囲気を伝える鉄道であった。木造客車を中心とした美しい現役車輌たち，そして廃車になったとはいえ大切に保管されていた蒸機が，人気の秘密である。

路線は笠岡―井原間の本線に，矢掛線（北川―矢掛）と神辺線（井原―神辺）を合わせて総計37kmを誇っていたが，'67年3月31日に矢掛・神辺両線が廃止，残った本線も'71年3月31日に廃止された。

→鬮場構内のターンテーブル
（撮影：大久保 清）

↓側線5本の鬮場車庫の全景。
右端が駅。（'67年10月22日）

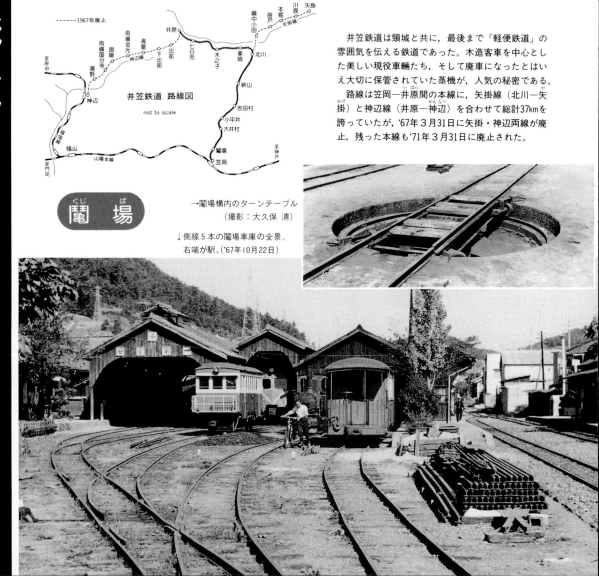

至神戸　　　　　　　　　　　　　　　　　　　　　　　　国鉄線

ホーム

❸

駅本屋　　貨物ホーム　　　　　　　　ピット

❹　　　　　　　　　　　　　　　平面交差

貨物ホーム

❷

❶

至井原

多くの軽便鉄道と同じように，井笠
鉄道も国鉄笠岡駅の一隅から出ていた。
井笠の駅をはさむようにして北側にも
国鉄の貨物側線があるため，井笠駅構
内には国鉄線との平面交差があった。

❶

←↓
笠岡駅構内に
留置中のホワ
4（左）とホジ
9。（'67年10
月22日）

❸

❷

↑国鉄線との平面交差部分（撮影：大久保　清）

↓陸橋上から眺めた笠岡駅。ホームは国鉄と共用しており，左側は国鉄の貨物ホーム。（'69年10月29日）

❹

↑↓鉄道廃止後のイベント時に，美しく磨き上げ
られた1号機。(上と下段左。'71年6月13日)

1〜3

←1967年10月22日
に訪門した際に
は，庫内に1号
機(手前)と9号
機の姿も…。

開業に際して用意されたコッペル製9tB
タンク機。サイドタンクが煙室後端部まで延
びているのが特徴。1号機はのちに西武山口
線で活躍したのが有名で，大きなヘッドライ
トや赤く塗った主台枠はその名残りである。

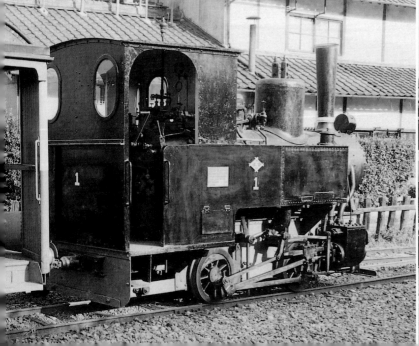

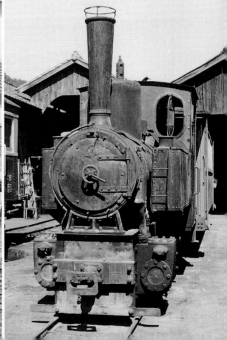

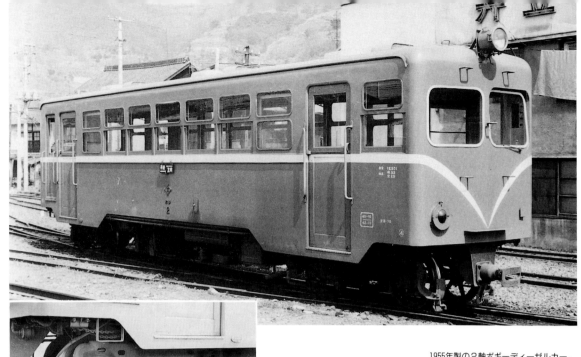

ホジ1～3

1955年製の2軸ボギーディーゼルカー。ホジ1・2は日車製，ホジ3は富士重工業製で，エンジンは日野DS22。のちに増備されたホジ101・102はほぼ同形ながら，エンジンがDA40となった。

↑ホジ2の床下両サイド。駆動輪は上段が左側，下段が右側。（本頁写真は下段左以外はすべて大久保 清撮影）

↓ホジ1の屋根上（'69年10月29日，笠岡）

ホジ7〜9

当初は梅鉢鉄工所製のガソリンカーで，ホジ7が1931年，ホジ8・9が1932年製。戦後は一時期客車となるなどしたあと，1952年にディーゼル化（いすゞDA45）されている。

↓撮影：大久保 清　　　　　　　　　　　　　　↓闇場車庫におけるホジ8（'67年10月22日）

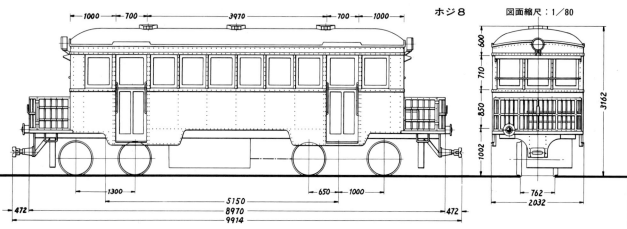

ホジ8　　　　図面縮尺：1／80

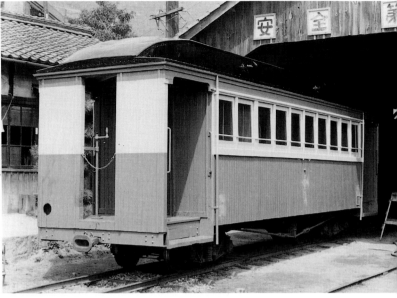

↑カーブしたホハ2（左）の妻板（'72年3月18日）
→妻板が平面のホハ1（撮影：大久保 清）

ホハ1・2

1913年の鉄道開業時に用意された日本車輌製木造客車。当初は特別室付だったという。

↑←妻板のカーブした
　ホハ4とその台車

↑ホハ5の妻板は平面

ホハ3〜5

ホハ1・2と共に当初はモニタールーフで，開業時からの古強者。妻板はホハ5のみが平面で，他は曲面だった。

↓ホハ5の側面。闇場にて。（撮影：大久保 清）

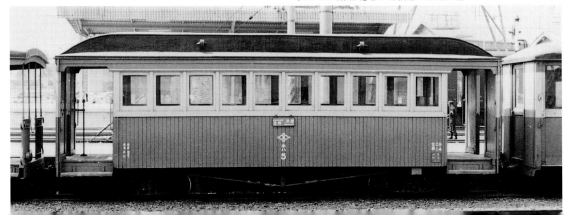

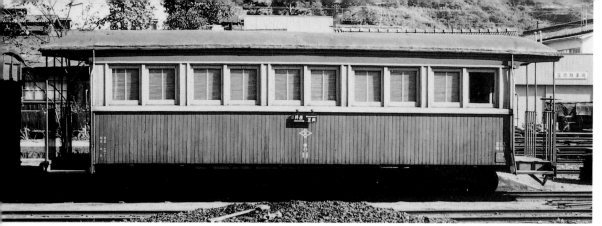

↑ ホハ11
1922年日本車輌製の木
造2軸ボギー客車。シン
グルルーフ・オープンデ
ッキで，2個ずつまとめ
た側面窓のデザインは，
以降の客車へ引継がれた。
（撮影：大久保 清）

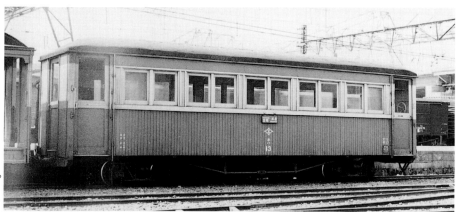

→ ホハ13
1925年日本車輌製
のシングルルーフ木
造客車ながら，側面
扉と貫通扉付となる。
（撮影：大久保 清）

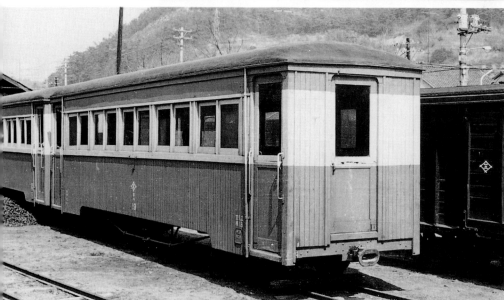

← ホハ19
ホハ18・19はホハ13
・14と同形の木造客車。
元神高鉄道の車輌で，
側面扉下辺が一段下っ
ているのが特徴。1925
年日本車輌製。
（撮影：大久保 清）

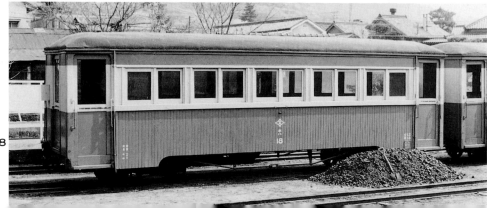

→ ホハ18

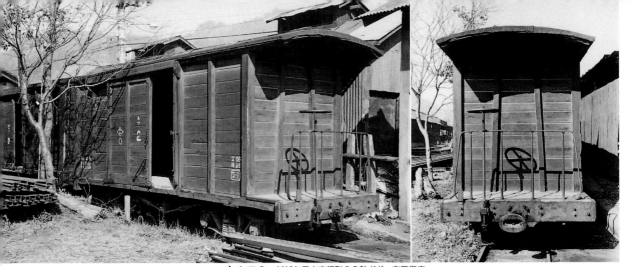

↑ **ホワ2** 1913年日本車輌製の2軸ボギー有蓋貨車

↓ **ホワフ2** 同じく1914年日本車輌製2軸ボギー緩急有蓋貨車

←**ホワ1**
竣功図によれば，
一端にデッキの付
いたホワ2と同形
のはずだが，現車
はまったく異なる。

→**ホト2**
1913年日本車輌製
2軸ボギー無蓋貨車。
（撮影：大久保 清）

〔建設省立山砂防軌道路線図〕
1970年ごろ

縮尺：1／40000

□内の数字はスイッチバック回数

国土地理院発行の古い5万分の1地形図を見ると，砂防軌道の起点は昭和8年版では富山地鉄・千垣駅，昭和41年9月30日発行版では富山地鉄・栗巣野駅となっている。

↓側面がオープンタイプの人車編成（中小屋―桑谷，'69年11月）

←紅葉の中，次頁下写真の先の
2段スイッチバックを行く。
（中小屋―桑谷，'69年11月）

　ほとんどの軽便鉄道や産業用軌道が消えた我が国において，現在でも活躍している数少ないナローラインの一つが，この立山砂防軌道である。その名のとおり，常願寺川を流れ下る土砂をくい止める砂防ダム建設用の資材を運び上げるための軌道で，40を越えるというスイッチバックの多さで有名である。軌間は610mm。
　新井氏が訪れた1970年ごろには千寿ヶ原―水谷間の本線と，水谷―有峰間の軌道が現役であった。当時，千寿ヶ原構内には，富山営林署常願寺治山事業所のヤードもあり，千寿ヶ原構内から富山地鉄の貨物ヤードへも線路が延びていた。また，水谷の裏からは使用されなくなったとはいえ，スイッチバックからインクラインを経て，さらに奥まで線路が続いていた。

→
秋風に乗って，モーターカー**Tm**-1がやってきた。(中小屋―桑谷．'69年11月)

城

廃線跡

水谷　有峰

樺平

↓中小屋―桑谷間の4段スイッチバックにて（'69年11月）

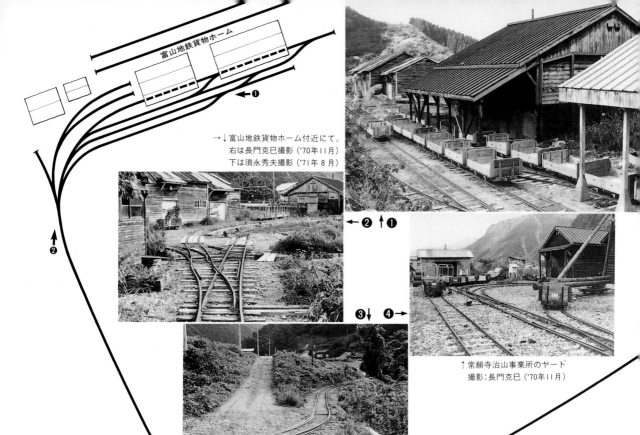

富山地鉄貨物ホーム

←①

→↓富山地鉄貨物ホーム付近にて。
　右は長門克巳撮影（'70年11月）
　下は須永秀夫撮影（'71年8月）

←② ↑①

②

③↓ ④→

↑常願寺治山事業所のヤード
　撮影：長門克巳（'70年11月）

↑奥が千寿ヶ原構内，左が富
　山地鉄貨物ホームへと続く。
　撮影：須永秀夫（'71年8月）

③→

↓千寿ヶ原の機関庫
　に並ぶＤＬたち。
　（'69年11月）

⑤

↓加藤製作所製4t機5-Tg-5。
　撮影：長門克巳（'70年11月）

⑥

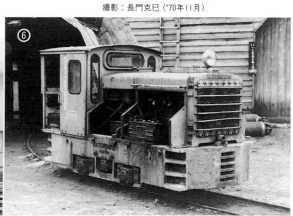

↓ヤードに置かれた人車（'69年11月）

↓半分「テント」がかけられた無蓋車（'69年11月）

⑧

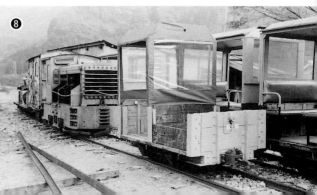

⑦

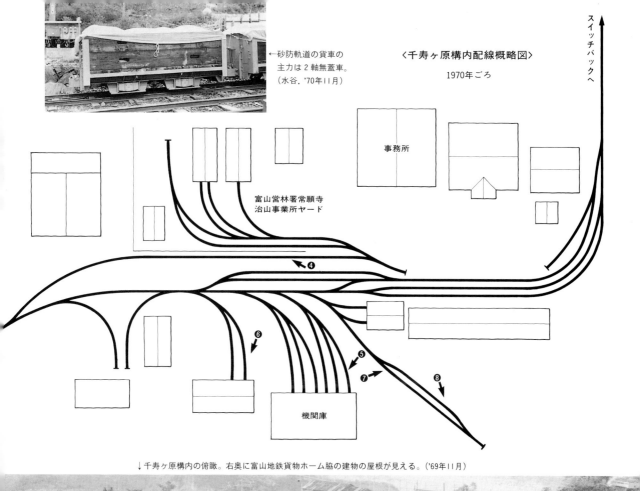

←砂防軌道の貨車の
主力は2軸無蓋車。
（水谷，'70年11月）

〈千寿ヶ原構内配線概略図〉

1970年ごろ

スイッチバックへ

事務所

富山営林署常願寺
治山事業所ヤード

④

⑥

⑤

⑦

⑧

機関庫

↓千寿ヶ原構内の俯瞰。右奥に富山地鉄貨物ホーム脇の建物の屋根が見える。（'69年11月）

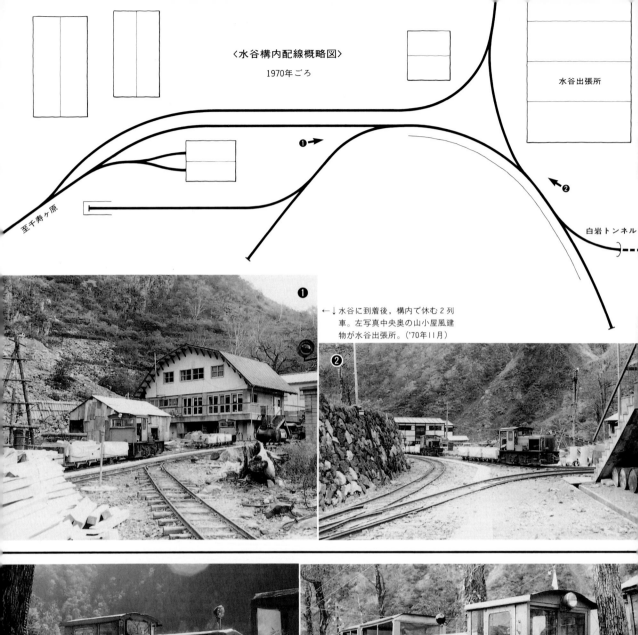

〈水谷構内配線概略図〉

1970年ごろ

水谷出張所

至千寿ヶ原

白岩トンネル

❶

❷

←↓水谷に到着後，構内で休む2列
車。左写真中央奥の山小屋風建
物が水谷出張所。（'70年11月）

↑↗常願寺治山事業所の松岡。台枠は鋳物で，ボンネット前面の形状や「く」形に折れ曲ったキャブ
後妻面がユニーク。ホィールベースは950㎜，台枠上面からキャブ屋根上面まで1300㎜（実測）。

←→
千寿ヶ原構内に留
置された加藤製作
所製機関車2輌。
左が**Tg-2**，右が5-
Tg-4。撮影：須永
秀夫（'71年8月）

↑常願寺治山事業所のボギー無蓋車（'70年11月）

←水谷─有峰間のスイッチバック
撮影：長門克巳（'70年11月）

↑水谷構内の裏側から延びた
スイッチバックの上にある
インクラインの廃線跡。
撮影：須永秀夫（'72年8月）

ティンバートレッスル

〈水谷─有峰間配線概略図〉

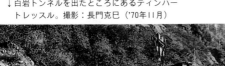

❸

↓白岩トンネルを出たところにあるティンバー
トレッスル。撮影：長門克巳（'70年11月）

❹

❺

〈有峰〉

↓有峰構内（'70年11月）

↓酒井工作所製5t機（'70年11月）

↖↑新製後間もない頃の堀川工機製DL。
右は長門克巳撮影。（共に'70年11月）

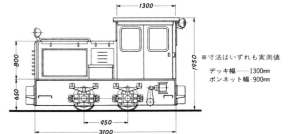

〈堀川工機製DL形式図〉　1／80

※寸法はいずれも実測値
デッキ幅──1300mm
ボンネット幅──900mm

1300

800

650

1950

950

3100

↑まだ春浅い林駅付近にて（'72年3月）

　下津井電鉄は，越後交通栃尾線や近鉄北勢線，同内部・八王子線などと共に，我が国では数少ない電化軽便鉄道である。1913年に茶屋町—味野町（のちの児島）間が，翌年には味野—下津井間（合計21.12km）が蒸気動力で開業。1928年からはガソリンカーも導入して，フリークエントサービスに努めている。戦後の燃料難から1949年に電化したが，ユニークなのは在来車のガソリンカーを電車に改造して使用したこと。また，貨車牽引の車輛を中心に，2種類のカプラーを装備していたことも特記しておきたい。（撮影：1967年10月，1969年10月，1972年10月，1974年10月）

〔下津井電鉄路線図〕

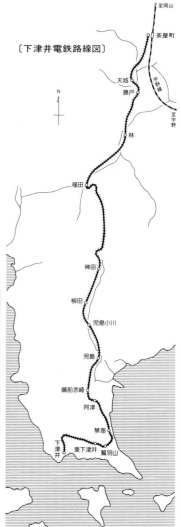

↓下津井駅構内風景。左がクハ26，右がクハ6。（'69年10月）

↑茶屋町駅構内に留置中のクハ6の脇を宇野線の寝台急行列車が発車していく（'67年10月）

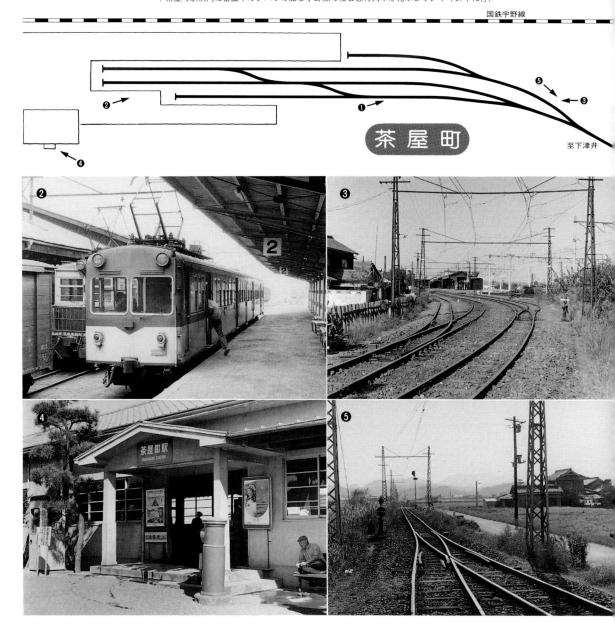

↑秋の瀬戸内海を右に見てモハ52＋クハ6の2連が走りさる（鷲羽山—琴海。'69年10月）

↓ススキの原を行くワンマンカー・モハ1001（下津井—東下津井．'72年10月）

↓福田—林間の小川を渡るモハ103＋クハ24（'72年3月）

↓モハ103＋クハ24の2連が林駅付近を快走する（'72年3月）

福　田

福田駅を出た下り電車は25‰の勾配を登り，正面山と福南山間の峠を越えて次の稗田駅に到着する。

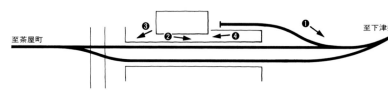

至茶屋町　　　至下津ナ

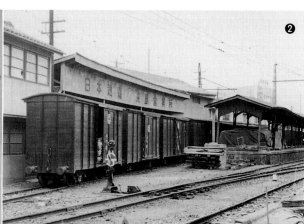

児　島

児島は沿線最大の都市で，貨物の取扱量も多い。貨車の入換はモハ50系電車があたる。

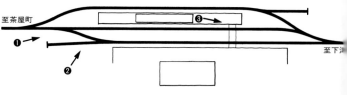

至茶屋町

至下津

下津井

25‰勾配を下り終わると，終点・下津井に到着する。広い構内は線路が緩くカーブしており，車庫もあるため留置車輛も多い。

至茶屋町

本屋

❶ ❷ ❸ ❹ ❺

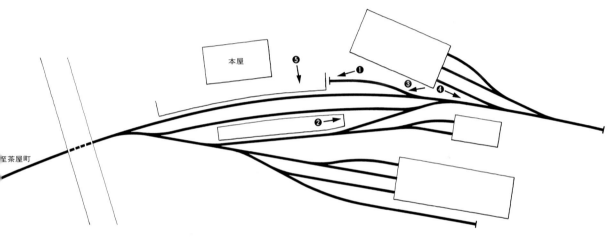

モハ110

1934年に加藤車輌製作所製のガソリンカー・カハ50として誕生。1949年に電車化されてモハ50に，さらに車体前後端の鮮魚台部分にまで車体を延長してモハ110となった。貨車牽引用に2種類のカプラーを装備している。

モハ1001

1954年帝国車輌製のクハ23を，モハ52の機器を使って電装化したワンマンカー。

モハ55

加藤車輌製作所製のガソリンカー・カハ55を電装化した車輌で，電化当初の立役者。貨車牽引用に，2種類のカプラーを取付。

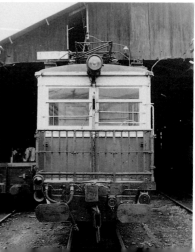

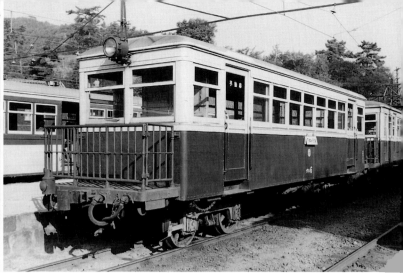

クハ6

元は1931年日本車輌製のガソリンカー。1949年に制御車化されたが、外観はほとんど変っていない。運転台は写真の側のみの片運。

モハ105＋クハ26

2輌共、他車と同様に元ガソリンカーを電車化した車輌で、さらにモハ110と同じ手法で再改造された。

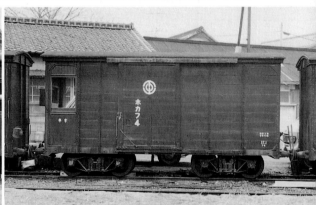

↖ホカフ8　　　　　　↑ホカフ4

←ホカフ3

ホトフ4→

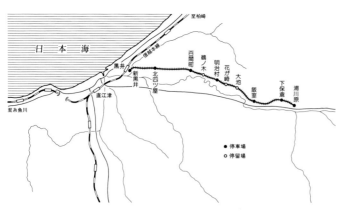

頸城鉄道を一言で表現すれば，最後まで「軽便らしい軽便」だった，と言えるだろう。762mm軌間の地方鉄道としては最後期近くまでコッペル製2号蒸機がおり，ロッド式DLのDB81やDC92をはじめ，客車改造気動車ホジ3など，個性豊かな車輌たちが揃っていた。秋は稲穂の海を，冬は一面の銀世界の中を，ある時は数輌で，またある時は10輌近い長大編成が活躍していた。

開業は新黒井—下保倉間が1914年10月，下保倉—浦川原間が1916年5月で，営業キロは15km。1968年10月には百間町—飯室間を残して前後を廃止，残存区間も1971年5月に全廃された。

撮影は1966年9月，'67年3月，'68年4・9月，'69年2・4月，'70年2・3月，'71年3・4・5月。

↑撮影：橋本真

←新黒井で発車を待つDB81牽引のミキスト。（撮影：橋本真）

新 黒 井

始発駅新黒井は国鉄黒井駅に隣接しており，国鉄の列車から降りた乗客は，ホームから線路を横断してやって来る。駅本屋は縦長の窓が美しい二階建建築。低いホームに続く線路は機回し線のほか数本で，先端は国鉄の引込線脇へと伸びている。

❺

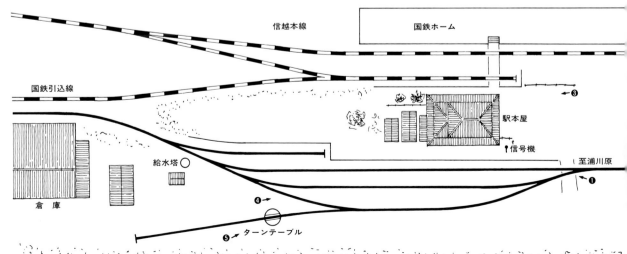

信越本線

国鉄ホーム

国鉄引込線

駅本屋

信号機

❸

至浦川原

給水塔

倉庫

❹

❺ ターンテーブル

❶

❷

❶

上下列車が交換する大きな中間駅。構内には機関庫や旧本社だった建物のほか，給油所・保線小屋もある。ホーム上に建つ腕木式信号機がよいアクセント。

百間町

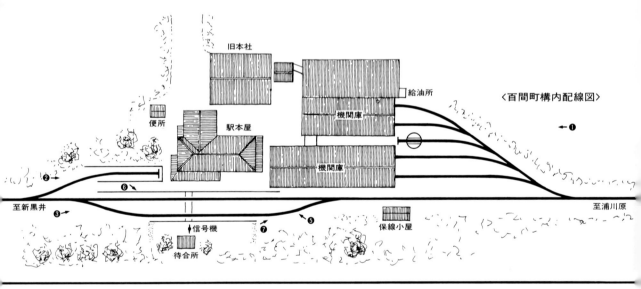

旧本社

便所

駅本屋

機関庫

給油所

〈百間町構内配線図〉

←❶

②→

⑥→

機関庫

至新黒井

③→

←⑤

←⑦

保線小屋

至浦川原

↑信号機

待合所

北四ツ屋

新黒井の次の駅。ホーム1面の小駅だが，かつては側線があったため，その部分のホームが一部切り欠かれている。

↑入換中のＤＣ92。脇で手旗を持って走るのは女子職員。

↓駅本屋ホーム側。右側は機関庫。

❷	❸
❹	❺
❻	❼

←機関庫内に
　残る給水塔。
撮影：橋本真

↓ホーム上に建
　つ腕木式信号機。

↓一見，農業倉庫風の外観の機関庫。

鵜ノ木

1955年に新設された，百間町の次の停留場。待合所も，ご覧のような小型版。

明治村

全線のほぼ中間に位置する交換可能駅。貨物側線とターンテーブルがあった。開業当初は「上森本」と呼ばれた。

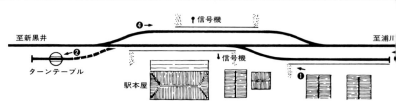

至新黒井　　　　　　　　　④→　　　📍信号機　　　　　　　　　　　至浦川

②　　📍信号機

ターンテーブル

駅本屋　　　　　　　　　　　　　　　　　　①→

至新黒井　　　　　　　　　　　　　　　　至浦川原

待合所

花が崎

明治村の次の停留場で，1955年に新設。待合所も鵜ノ木のものと同一スタイル。

部分廃止後の
飯室駅で発車
を待つホジ3。
ホーム上には
腕木式信号機
が建つ。　→

大　池

後に新設された停留場。乗客は，
待合所で日向ぼっこをしながら列車
を待つ。今日は荷物もあるようだ。

❶

❷

→蒸機時代を偲
ばせる給水塔。
撮影・橋本真

飯　室

明治村と似たムード
の交換可能駅。最後ま
で、給水塔が残ってい
た。部分廃止後は、一
方の終端駅となった。

↓撮影：橋本真

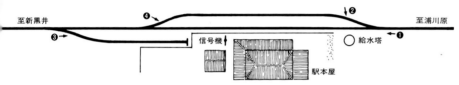

至新黒井　　　　　　　　　　　　　　　　❷　　　至浦川原

❹

❸　　　　　　　　　　　　　　　　　　　　　　　❶

信号機　　　　　　　　　　　　　○ 給水塔

駅本屋

❸

❹

浦 川 原

頸城鉄道の終着駅。到着した列車は，機関
車もホジも機回し線を通って先頭に付け換え
られる。秋の米の積出し時期ともなれば，側
線に止っている貨車の入換に忙しい。駅本屋
はバスの営業所と一体の大きな建物で，駅前
広場からは各方面へのバスが出ている。

↓広場側から見た駅本屋。各
　方面へのバスが発着する。

↓新黒井側から見た浦川原駅。
　右側には大型の倉庫が並ぶ。

❶

❷

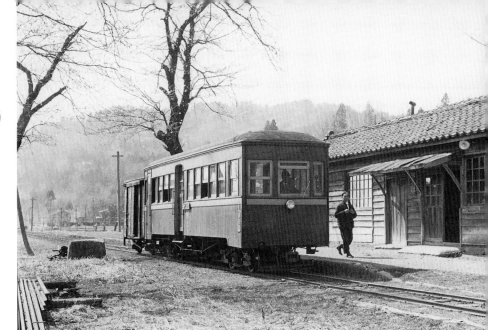

下 保 倉

終点・浦川原の
一つ手前の駅。駅
舎は倉庫との併用
タイプで，側線を
外した跡がある。

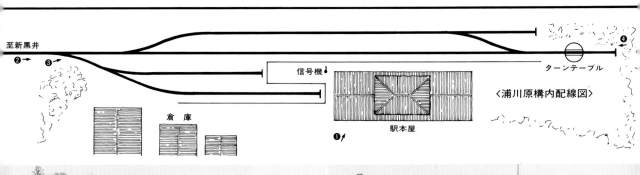

至新黒井

ターンテーブル

信号機

倉庫

駅本屋

〈浦川原構内配線図〉

❸

❹

２ 号 機

1911年コッペル製９ｔ機。元大丸組の所有で，国鉄大
井工場の敷地造成などに従事したあと，旧３号機と交換
の形で入線した。1966年春にいったん廃車になったもの
の，1972年には西武鉄道山口線に甦り，井笠の１号機と
共に活躍したのもなつかしい。外観的には，軸距1400mm
の引締った下まわりと，アラン式弁装置がめずらしい。

↓整備後，頸鉄公園に展示中の２号機（上写真も）

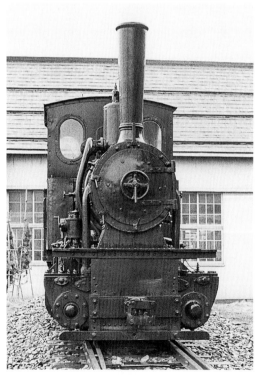

↓廃車直後，本社横に一時保管中の姿（次頁写真も）

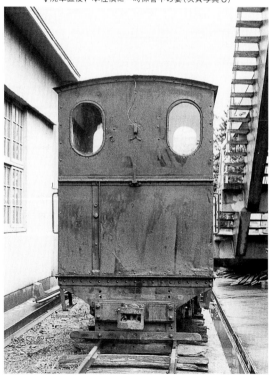

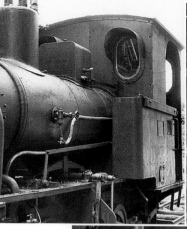

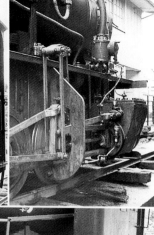

←めずらしい上
方からの写真。
屋根上や炭庫
上部がわかる。

〈外観細部〉

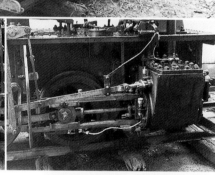

↓↘側面から見たアラン式弁装置

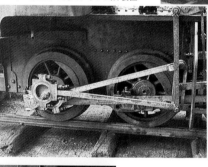

〈運転室内部〉

↑天窓の開閉装置

↓錘付のブレーキ装置

↑新黒井に停車中のＤＢ81。右側がラジエーター側で，図面とは反対側側面。

DB81

蒸機改造の内燃機関車を得意とした森製作所製の8ｔＤＬ。ベースは戦後，仙台鉄道から譲り受けた新々3号機（協三工業製Ｂ型8ｔ）で，1952年に改造当初は蒸機時代の台枠そのまま，ラジエーター側の床板が一段下がっていた。しかし，1955年に協三工業で再改造を受け，写真のようなストレートな床板となった。

↓ラジエーター上部に入った「MORI」の陽刻（撮影：橋本 真）

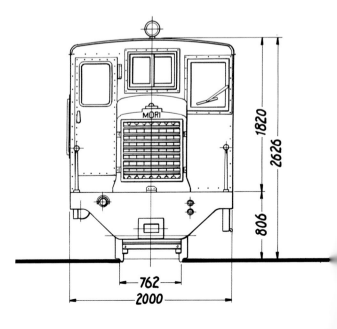

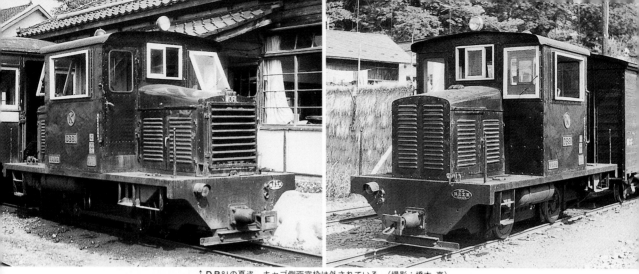

↑ＤＢ81の夏姿。キャブ側面窓枠は外されている。（撮影：橋本 真）

←左がラジエーター側

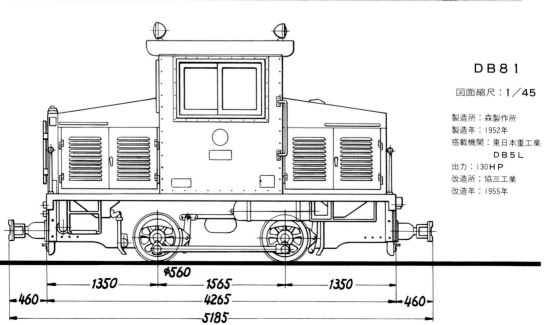

→撮影・橋本 真

ＤＢ81

図面縮尺：1／45

製造所：森製作所
製造年：1952年
搭載機関：東日本重工業
　　　　　ＤＢ5Ｌ
出力：130ＨＰ
改造所：協三工業
改造年：1955年

4560

1350　　1565　　1350

460　　　　4265　　　　460

5185

↑ 2軸客車ハ6とハ5などを従えて百間町に停車中のDC92（撮影：橋本 真.1968年9月）

DC92

コッペル製1号蒸機を，1954
年に協三工業で改造した9tディーゼル機関車。B型をC型に
直しているので，改造というより新造に近い。腰の低い，好ましいスタイルにまとまっている。

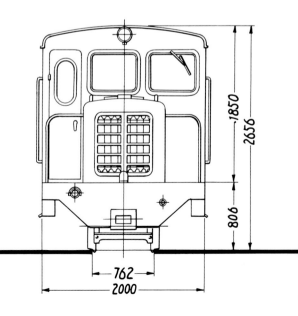

↓図面とは反対側の下まわり

←ピットから
見上げた下ま
わり。奥がラ
ジエーター側。

↓図面と同じ
側の下まわり。

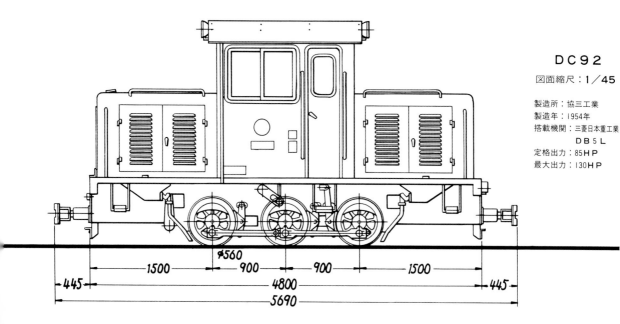

ＤＣ９２

図面縮尺：1／45

製造所：協三工業
製造年：1954年
搭載機関：三菱日本重工業
　　　　　ＤＢ５Ｌ
定格出力：85ＨＰ
最大出力：130ＨＰ

4560

1500　　900　　900　　1500

445　　　　4800　　　　445

5690

ＤＣ92の運転室内部。
運転室の床板は外部よ
り一段高い。（撮影：
橋本 真，左：1968年9
月，右：1971年5月）

↓百間町の機関庫内のＤＣ92。左奥にはＤＣ123が見える。

↓9月とはいえ，まだ強い日差しの中，ラジエーター側ボンネットを前にしたＤＣ92。（撮影：橋本 真，1968年9月）

↑端梁にははね上げ式のスノープロウを持つ。末期には，機関庫で寝ていることが多かった。

DC123

元十勝鉄道のDC2（1953年日立製）で，1960年12月に転入。アウトサイドフレーム・ジャック軸付のメカニカルな下まわりを持つ，ガッチリしたスタイルの12 tディーゼル機関車。キャブの乗務員扉は，非公式側にしかない。

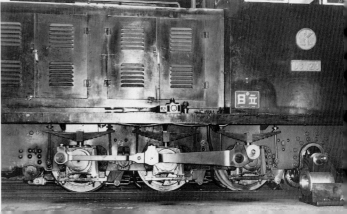

↑新黒井で発車待ちのホジ3。今日のトレーラーはワ7の1輛だけ。

↑百間町に停車中のホジ3。

↑動力台車側の排障器。動力台車側前面の裾は上写真のように一段えぐれていた時期と、左写真のように一直線の時期とがある。(撮影：橋本 真)

→ホジ3の室内。床上中央の箱状の台はエンジンカバー。

↓ホジ3の台車。動力台車(下右)は軸受付近が補強されている。

↑明治村で下り列車と交換するホジ3。(撮影：橋本 真)

ホ ジ 3

ホジ3は，頸城鉄道名物の客車改造気動車。1932年
に特別客車・ホトク1をガソリンカーに改造したのが
その始まりで，当初はほぼ客車そのままの姿で活躍し
たようだ。1951年にディーゼル化（いすゞDA45）す
ると同時に，写真のような密閉式車体に改造された。

ホジ3　　図面縮尺：1／80　　※カッコ内寸法は実測値

↑ホハ1　　　　　　　　　　　　　　　　↓ホハ2

ボギー客車

　ボギー客車は、開業時の1914年に日車で新造された木造車。ホハ1〜3は同形で、ホハ3は一時期気動車・ホジ4に改造されたが、客車に再改造されてホハ5になった。当初、2・3等合造車だったホロハ1・2は、のちにホハ3・4となったが、側面窓配置や室内の仕切りにその名残りが見られた。下図のホトク1は「下駄箱・傘立て・たたみ敷き」として有名な特別客車で、ホジ3に改造された。

特別客車ホトク1　　図面縮尺：1／80

9353

2077

3170
2960

1220　　359φ　　　422　　　1220

5795
9658

762

1980

↑ホハ3

↓ホハ5（旧ホハ3）

↑上下2枚，撮影：橋本 真

→右写真，撮影：橋本 真

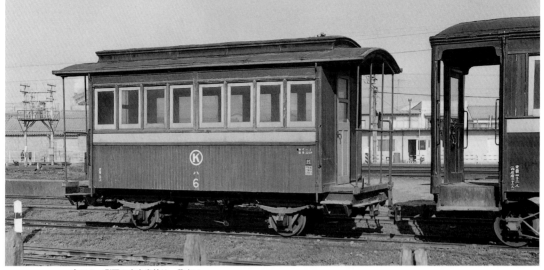

↑ハ6，側面の中央窓柱は一段太い。

ハ5〜6

国鉄・魚沼線（元・魚沼鉄道）から譲り受けた木造
2軸客車。モニター屋根・オープンデッキの美しいス
タイルを誇る。ハ5の側面窓配置は均等だが，ハ6の
中央窓柱は太くなっており，元ロハと言われている。

↓ハ6の下まわり
（撮影：橋本 真）

↓新黒井構内に留置中のハ6（奥）とハ5。

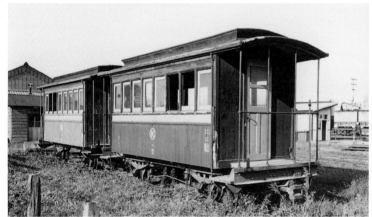

ワ1〜12

開業時に，日車で製造された2軸
有蓋貨車。ワ12はロキに改造，ワフ
と10の外板は鉄板張りとなっている。

←ハ5・6と共に「長大編成」を組むニフ1。百間町にて。（橋本真撮影）

ニフ1

元は魚沼鉄道から譲り受けた，マッチ箱スタイルの2軸客車ハ4。1958年に荷物車に変更された。

ワ12・13

ワ1〜12より，一まわり小さい2軸有蓋貨車。元・国鉄松浦線のケワ233・234。

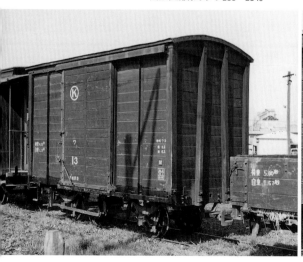

ワ15・16

国鉄魚沼線からの譲渡車輌。元ケワ150・151。

ロキ1

雪国には欠かせない除雪車。ご覧のように，有蓋貨車（ワ12）を改造したロータリータイプ。本線用かと思いきや，もっぱら構内用。

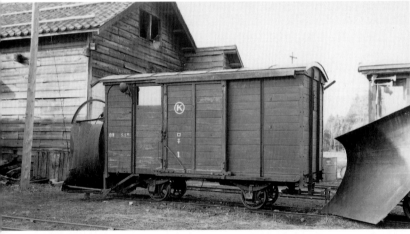

ト2・3・5・6
トフ1・4

開業時に日車で製造された2軸無蓋貨車で，当初はト1〜6。のちに，2輌のみ車端部にハンドブレーキを付けて，トフ1・4となった。

←↓左及び下写真，橋本 真撮影。

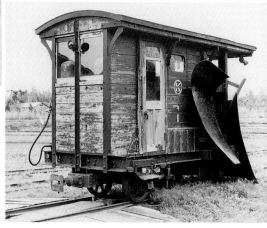

ラキ１

ロキ１と同様に，有蓋貨車を
改造したラッセル式除雪車。当
初は固定翼のみで，車体幅も普
通にあったようだが，のちに車
体幅を狭め，可動翼付に改造。

追録 東洋活性白土専用線

1950（昭和25）年7月，北陸本線の客車列車に乗っていたファンが"発見"したのが東洋活性白土の専用線だ。同年4月15日に開通し，6月末から本格的に使用を開始したというから，まさにその直後の"発見"だったことになる。糸魚川駅北西に位置する東洋活性白土株式会社は，石油精製などに用いられる酸性白土，活性白土を生産する工場で，そのルーツは大正時代に遡るという。1936（昭和11）年に東洋活性白土株式会社となり，戦時中の増産要請に対応するために糸魚川駅から工場までの専用線敷設を計画，戦後，1950（昭和25）年になって開通した。しかも，戦後の混乱の中で富山の鋼材会社が持ち込んで来たのは何と2フィートゲージの軌道資材と蒸気機関車だった。かくして東洋活性白土専用線は時代に背を向けた2フィートの蒸気軌道として誕生したのである。（撮影：1967年3月18日，1968年11月5日，1969年2月10日，1969年4月7日，1969年4月15日，1971年4月29日，1971年8月7日）

↑東洋活性白土専用線の位置。北陸本線の上り列車が糸魚川駅構内を外れる頃，日本海側に小さな積込ホームが見えてくる。

↑糸魚川駅の積込場で入換中の列車。左端に国鉄のタンク車が見える。（'69年2月10日）

↑ポプラ並木の向こうには小さな機関庫が…。（'71年8月7日）

推進運転で糸魚川駅に向かう列車。右手に北陸本線の架線柱が見える。（'69年2月10日）

↑そぼ降る春の雨をついて2号機の推進列車が糸魚川駅へと向かう。ポプラ並木の下には小さな1号機の姿が。（'69年4月15日）

国鉄糸魚川駅の構内はずれの積み替えホームから工場まで約800m，東洋活性白土の専用線はしばらく北陸本線と並行したのち，国道146号線の高架橋を潜って北へと向きを変え，畑の中を工場へと進む。工場入口にはこの軌道のシンボルともなっていたポプラ並木が聳える。

↑ひさしぶりに機関庫から出た1号機。（'71年8月7日）

↑出荷を終え，作業の人びとを乗せた返空列車が工場へと戻ってきた。（'69年4月7日）

←重油タンク車と連結した1号機の向こうを2号機の製品運搬列車が到着。（'71年8月7日）

← 糸魚川

明星セメント専用線

至 富山

国鉄北陸本線

水路

農道

水路

積替えホーム

水路

保線
小屋

小屋

農道

コンクリートの壁

畑

専用線全景

ポプラ並木

原料の山

重油の
貯蔵タンク

石炭

倉庫

↑工場内で休む2号機。奥に見えるのが本社建物。('69年4月7日)

機関庫

↑重油タンク車を牽く2号機。かつては硫酸もタンク車で輸送していたという。('68年11月5日)

重油のパイプ

本社
建物

国道8号

自転車置場

倉庫

↑袋詰めの製品出荷は雨が降るとカバーで覆われる。('69年4月15日)

↑本社側から見た工場構内。左が重油のパイプライン。('71年8月7日)

↑倉庫前にはささやかなダイヤモンドクロッシングもある。('69年4月7日)

積込場

軌道の役割は袋詰めされた製品の搬出のほか，製造工程に不可欠な重油と硫酸の搬入だった。そのために国鉄側線と軌道の間には島式の貨物ホームが設けられ，建屋内には積み替え用のベルトコンベアーや重油搬入用の電動ポンプが備えられていた。なお，硫酸は開通当初は専用タンク車に積み替えて運搬していたが，間もなく地下パイプラインが新設され，積み替えホームで国鉄タンク車から吸い取って直接パイプラインに送る方式となった。

↑ 積込場で並んだ1号機と2号機。右は国鉄側線で，糸魚川機関区の機関車が貨車を押し込んでくる。('71年8月7日)

↑国鉄側線は車止めで終わっている。('69年4月7日)

↑1号機の背後を北陸本線の上り貨物列車が通過していく。('71年8月7日)

↑煙を上げる1号機。ただしこれは演出で有火状態ではない。('71年8月7日)

↑積込場を外れると線路は夏草に覆われる。('71年8月7日)

製品を満載した貨車を積込場に押し込む2号機。
（'69年2月10日）

右のタンク車は濃硫酸専用のタキ5750。濃硫酸は画面中央に見えるホースで吸い取られて地下の
パイプラインで工場へと送られる。ホーム上の小さな小屋はそのポンプ室。（'69年2月10日）

↑木造の小さな1線庫からポプラ並木の構内を望む。（'69年4月15日）　↓2号機に引き出された1号機。（'69年4月15日）

↑ 木造1線庫の全景。手前は1号機。('69年4月15日)

車 庫

　工場内に入ると，件のポプラ並木の先に小さな木造矩形庫がある。機関車はこの庫で整備され，また格納されていた。ささやかなアッシュ・ピットが設けられた1線庫には給水用の蛇口以外にたいした設備はなく，奥には使われなくなった1号機が押し込まれていた。

→機関庫の正面（左）と背面（右）。煙出しはなく，その代わりに不釣り合いなほど太い煙突が目を引く。（'69年4月15日／'71年8月7日）

↓庫内に潜む1号機。左の蛇口はなんと給水用。（'69年4月15日）

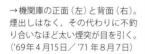

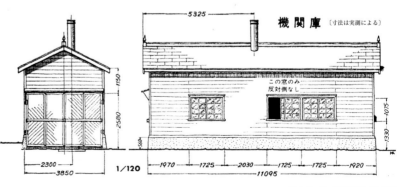

機 関 庫　〔寸法は実測による〕

この窓のみ
反対側なし

1/120

（『ナローゲージモデリング』より）

↑活性白土専用線の名物だったポプラ並木の前に並んだ１号機と２号機。（'69年４月15日）

戦後の開通にも関わらず２フィートゲージの蒸気軌道という特異な姿となったのには１号機の存在にあった。戦後復興と朝鮮特需で産業用機関車が払底するなかで、富山の不二越鋼材に在庫していたのがこの奇妙なＢタンク機だった。同社が1942（昭和17）年に東京・蒲田で買ってきたとされるこの機関車は、フランスのドコービル社の製品と類似しているが、今もってその出自は解明されていない。いずれにせよ、この機関車が"在庫"していたことが、東洋活性白土専用線が２フィートゲージを採用し、なおかつ1980年代まで蒸気機関車を使い続ける遠因となった。

←庫へと続く線で休む１号機（左）と、工場へと力行する２号機（右）。（'69年４月15日）

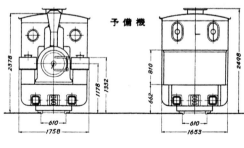

予備機

↑庫を出た１号機と２号機。（'69年４月15日）

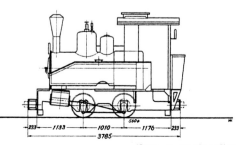

（『ナローゲージモデリング』より）

↑ドコービル（Decauville）系の謎の１号機は1959（昭和34）年頃から休車状態だった。（'69年４月15日）

↑端梁左右のポケットは木材のバッフ
ァーを入れるもの。（'69年４月15日）

↑切れ上がったアウトサイドフレームが特徴のサイドビュー。（'69年４月15日）

↑かなり華奢なロッド類が目を引く。（'69年４月15日）

↑キャブ右側床下の基礎ブレーキ装置。（'69年４月15日）

東洋活性白土専用線は最後ま
でこの2号機で製品運搬を行
なっていた。（'69年2月10日）

キャブ裾には「協三工業 昭和31年6086」の製造銘板が付く。「6086」
は同社の蒸気機関車製造番号で，頭の「6」は6t機，「086」はシリア
ルナンバーで，86輌目の蒸気機関車を示す。（'69年4月7日）

↑弁装置は一般的なワルシャート式。ホ
ィールベースは1200mm。('69年4月7日)

↑重油タンク車。1輌のみの在籍で、一日に一
回, 工場へと重油を運んでいた。('67年3月18日)

↑そのキャブ。逆転レバーやブレーキ弁はすべて
右側にレイアウトされている。('69年4月7日)

　前歴不明の1号機はさすがに老朽化が進み，後継として導入されたのが協三工業製の6ｔ機（2号機）で，この
機関車が1982（昭和57）年の廃線まで活躍した。製造銘板には昭和31年製とあるが，実態は昭和26年に762㎜
ゲージ用として見込み生産された製品を改軌したものとされる。一般的なワルシャート式弁装置を持つ産業車輌
工業会規格型で，東洋活性白土の日常的なメンテナンスの良さもあって最後まで良好な状態で活躍した。現在は
地元・糸魚川市の所有で，糸魚川駅構内の「糸魚川ジオステーション ジオパル」に静態展示されている。

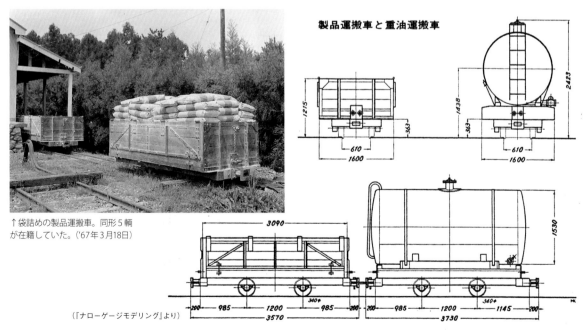

↑袋詰めの製品運搬車。同形5輌
が在籍していた。('67年3月18日)

製品運搬車と重油運搬車

（『ナローゲージモデリング』より）

Japanese Narrow Gauge Railway (Keiben) Explorations.

by Kiyohiko Arai

This book is a record of Kiyohiko Arai's visits to narrow gauge railways all over Japan from the late 1960s to the early 1970s.

The title of the book uses the word "keiben railway" in Japanese instead of "narrow gauge railway", but for Japanese rail fans, a "keiben railway" is as familiar as your mother's cooking, something which has been familiar since childhood. It captures the special emotional feeling towards narrow gauge railways.

The author, Kiyohiko Arai, is basically a railway modeler, and his main purpose of collecting materials was for model making, rather than just visiting for photography.

The author not only takes detailed photographs necessary for model making, but also accurately measures the dimensions of the vehicle and records the track layout in the station yard, and the results are reflected in this book.

With the progressive motorization in Japan, the lines introduced in this book were abolished one after another, and only the Tateyama Sabo (erosion control) railway still surrives.

This book is a revised version of the first edition published in 2003.

Contents

〈あとがき〉

それまで国鉄少年だった私が，ナローゲージの軽便鉄道を知り，その魅力に惹かれるようになったのはTMSのおかげでした。

自分でも，その模型を作ろうと計画した第1作は，草軽のL電でした。実在した時には，碓氷峠のアプトと共に，ちらっと見るだけでしたが，いざ作るとなると，その資料の少ないことに困惑し，自分で見に行くしかないと思うようになりました。

気がつくと，丁度その頃は各地の軽便鉄道が廃止になりかけた時期でした。今のうちに見ておかなければとの思いがつのり，撮影旅行に出かけたのは1966年の秋からでした。その後の5年ぐらいの間に，多くの軽便鉄道が廃止となっているので，やっと間に合ったというところです。

撮影器材としては，カラーは大判でなければと思い，その頃発売されたマミヤプレスを購入しました。そして，エクタクロームのブローニー判の現像はニッテンに依頼しましたが，これが今でもカラーが使える大きな原因と思い，現像所には感謝しています。

その他，資料として長年保存する目的にはモノクロフィルムも欠かせないので，35mm判のサブカメラを持参しました。

目標としては，レイアウト資料用にもと，全車輌と共に全駅も考えましたが，ハードルはかなり高いものでした。

撮影行の多くは三菱コルト600ccの自動車によるもので，鉄道を見に行くのに自動車で行くことには，うしろめたい気もしましたが，対象場所を考えると止むを得ないものでした。

当時は週休2日も無く，コンビニやドライブインなども無く，撮影器材はもちろんですが，食料・コッフェル・シュラフなど，大げさにいえば，衣食住すべてといえるもので，北海道10日の旅など，これなくしては簡易線全部の撮影などはできなかったと思います。

近場の，頸城・沼尻・駿遠線などは，土曜夜行，日曜撮影，帰路夜行で，月曜朝に出勤などはざらで，若くて元気だった頃が懐かしく思い出されます。

長年に渉って連載して下さったものが，今回一冊にまとまるということで，本当に嬉しく思います。

今後は，連載に採用されなかった軽便のフィルムや実測図もかなりあるので，これらを整理して発表し，多くの方々のお役に立てれば幸いと思っております。

最後の軽便とも云える近鉄のナローも一つの変換期を迎えました。この時期に，1960〜70年代の軽便を振り返って見ることのできる本書が出版されるのも，何かの奇縁でしょう。

2003年4月　　　　　　　新 井 清 彦

頸城鉄道にて愛車三菱コルト600

著者紹介

新井清彦（あらい　きよひこ）

1927（昭和2）年東京生まれ。千葉大学工学部電気工学科卒業。埼玉大学文理学部理学科卒業。科学技術庁放射線医学総合研究所・環境衛生研究所に勤務し，植物環境からの放射線被爆研究に従事。同所を定年退職後は名誉研究員となる。

中学時代より鉄道に関心を持ってきたが，1966（昭和41）年に草軽L電の模型製作をきっかけとして，全国の残された軽便鉄道探訪を開始，その成果をTMS1994年1月号から2003年1月号まで連載した。

趣味は鉄道のみならず洋ラン栽培で知られ，洋ラン関係の著書多数。ただし鉄道関係の単行本は2003年6月に初版を上梓した本書が唯一の自著，そして遺作となった。

新装版
軽 便 探 訪

2022年5月20日発行

著者：**新井清彦**

発行所：株式会社 **機芸出版社**　　発行者　井門義博

〒157-0072　東京都世田谷区祖師谷1-15-11　Tel 03-3482-6016

印刷：奥村印刷株式会社　Printed in Japan

●本書は2003年6月に発行した初版（上製本）の追訂新装版です。
※本誌掲載内容の無断複写、転載（WEBを含む）、ならびに商品化を禁じます。

ISBN978-4-905659-21-1